Bernard Delpal
Dieulefit

Dieulefit – das »Dorf der Gerechten«, französisch »le village des justes« – ist ein ganz besonderes Dorf in der Provence, denn während der Besatzung durch die Nazis im Zweiten Weltkrieg und der Kollaboration des Vichy-Regimes haben in diesem 3.000-Seelen-Dorf und in dessen Umgebung die Einwohner mehr als 1.000 Verfolgten des Leben gerettet. In der großen Mehrheit waren es Juden, aber auch Elsässer, Widerstandskämpfer, oppositionelle Intellektuelle gegen das Vichy-Regime. Sie alle konnten über Jahre in Ruhe und Geborgenheit unter dem Schutz der Dorfbewohner leben.

In dem Buch kommen zahlreiche Zeitzeugen zu Wort, außerdem gibt der Autor geschichtliche Einordnungen und erläutert die politischen und gesellschaftlichen Zusammenhänge im damaligen Frankreich. Eine große Anzahl wichtiger Dokumente und Fotos machen das Buch zusätzlich anschaulich.

Der Autor:
Bernard Delpal, Professor für Geschichte, Historiker, Herausgeber und Autor mehrerer Bücher zur Geschichte der Résistance im Zweiten Weltkrieg und zur Religionsgeschichte.

Die Übersetzerin:
Ursula Bös, war Lehrerin in der Erwachsenenbildung und an einer Integrierten Gesamtschule. Sie arbeitete als Pädagogische Mitarbeiterin an der Goethe-Universität in Frankfurt in der Lehrerbildung und -fortbildung. Übersetzerin von Micheline Bood: *Die doppelten Jahre. Tagebuch einer Schülerin. Paris 1940–1944*, Frankfurt a. M. 2017.

Bernard Delpal

Dieulefit

Rettungswiderstand eines Dorfes in der Provence während der Nazi-Besatzung

Aus dem Französischen übersetzt von Ursula Bös

Brandes & Apsel

Deutsche Originalausgabe der 2019 bei PMH-Dieulefit erschienenen Ausgabe unter dem Titel *À Dieulefit, nul n'est éstranger. Désobéir et résister pour protéger et sauver pendant les années difficiles de la guerre 1939–1945.*

2. Auflage 2026

1. Auflage 2021

Korrektorat: Kristina Wiechmann, Frankfurt a. M.
Umschlag und DTP: Brandes & Apsel Verlag
Druck: Franz X. Stückle Druck und Verlag e. K., Stückle-Straße 1, 77955 Ettenheim
Kontakt: technik@stueckle-druck.de
Printed in Germany, gedruckt auf säurefreiem, alterungsbeständigem und chlorfrei gebleichtem Papier, FSC CO15522

Bibliografische Information der Deutschen Nationalbibliothek:
Die Deutsche Nationalbibliothek verzeichnet diese Publikation in der Deutschen Nationalbibliografie; detaillierte bibliografische Daten sind im Internet über www. ddb.de abrufbar.

ISBN 978-3-95558-312-5

Inhalt

2. Teil
Zeitzeugenberichte von Rettern und Geretteten während der Jahre des Krieges und der Besatzung

Prolog

Diese dritte, aktualisierte Auflage des Buches berücksichtigt die Forschungsergebnisse einiger jüngerer Arbeiten aus den Jahren 2015–2018 zum zivilgesellschaftlichen Widerstand in Frankreich während der deutschen Besatzung. Bei diesen Forschungsarbeiten, die den zivilgesellschaftlichen Widerstand auf nationaler wie auf regionaler Ebene (einstige Region Rhône-Alpes) untersuchen, handelt es sich um universitäre Arbeiten, aber auch um Forschungsarbeiten und Ausstellungen, die im Rahmen des 70. Jahrestags der Befreiung Frankreichs (1944–2014) entstanden sind.

Diese neuen Studien zeigen die Bedeutung des zivilgesellschaftlichen Widerstands, die Rolle der Frauen und der Netzwerke und Organisationen wie der CIMADE,[1] der *Organisation Garel*[2] und der Pfadfindergruppen (vor allem der jüdischen und protestantischen). Die Forschungsarbeiten zu den »Gerechten« haben ebenfalls neue Erkenntnisse erbracht. Sie tragen wesentlich dazu bei, die Besonderheit und die Rolle der »Gerechten« besser zu verstehen, und sie weisen auf die Diskrepanz zwischen der niedrigen Zahl der offiziell als *Gerechte* anerkannten Personen (Ende 2018: 4.105 Personen insgesamt in ganz Frankreich, 90 Personen in der Drôme, davon

1 Die CIMADE (*Comité Inter Mouvements Auprès des Evacués*) ist eine protestantische Organisation, die im September 1939 als Hilfsorganisation gegründet wurde, um die Ansiedlung der elsässischen und lothringischen Bevölkerung, die in den Süden Frankreichs evakuiert worden war, zu unterstützen.

2 *Organisation Garel*: Von Georges Garel mit Hilfe seiner Frau Lili Garel in Lyon gegründetes Netzwerk der Résistance, das zwischen 1942 und 1944 viele jüdische Kinder vor der Deportation rettete (Anm. d. Übers.).

zwölf in der Stadt Dieulefit, 16 im gesamten Landkreis) und der Tatsache hin, dass die überwiegende Mehrheit der französischen und der damals in Frankreich lebenden ausländischen Juden der Deportation und der Vernichtung (Shoah) entkommen konnten.

Die zahlenmäßige Diskrepanz zwischen den *Gerechten* und den Geretteten, die oft von Historikern[3] hervorgehoben worden ist, gibt Anlass zu der Vermutung, dass die *Gerechten* nur ein (kleiner) Teil der Menschen sind, die zwischen 1939 und 1944 Rettungen ermöglicht und Solidarität gezeigt haben. Sie sind gewissermaßen die »Botschafter« oder »Galionsfiguren«, die ins Licht gerückt werden, oftmals trotz ihrer eigenen Zurückhaltung oder obwohl sie um Diskretion gebeten hatten.

Der Fall Dieulefit ist in diesem Zusammenhang besonders bedeutsam. Zwölf *Gerechte unter den Völkern* sind hier anerkannt. Diese Zahl wird sich künftig kaum noch wesentlich erhöhen, im Rest des Landes vermutlich ebenfalls nicht. Das jeweilige individuelle Handeln dieser *Gerechten* lässt zunächst kaum darauf schließen, dass in Dieulefit und Umgebung im jährlichen Durchschnitt mehr als tausend Kinder und Erwachsene aufgenommen und gerettet worden sind. Hauptakteur, so die Hypothese, ist vielmehr die Bevölkerung der Kleinstadt in ihrer Gesamtheit.

Das ist auch ein zentrales Thema, wenn es um die Frage der Konstruktion kollektiver Erinnerung geht. Ein für diese Ausgabe neu geschriebenes Kapitel (Zum Wandel der Erinnerungskultur, S. 95) widmet sich einer aktualisierten Darstellung dieses Themas.

In dieser Ausgabe wird auch auf die Rolle der Medien eingegangen, die neuere Beiträge zu diesem historischen Thema veröffentlicht haben und sich in Filmen, Radiosendungen, Pressebeiträgen

3 Lediglich aus pragmatischen Gründen der besseren Lesbarkeit wird in diesem Buch oft die männliche Sprachform benutzt. Alle Personengruppen sind mitgedacht.

und vor Ort geführten Interviews an der neueren Diskussion um die Konstruktion von Erinnerung und Gedenken beteiligen. Dieulefit ist einerseits Akteur in dieser Diskussion, andererseits sind die neueren Erkenntnisse für die Stadt von großer Wichtigkeit.

In Anlehnung an die berühmte Rede Simone Veils vom 18. Januar 2007 im Panthéon, an die der Präsident der Republik dort am 1. Juli 2018 anlässlich der feierlichen Bestattung des Ehepaars Veil erinnerte, kann man sagen, dass – neben den *Gerechten* – alle »im Dunkeln gebliebenen« Retter Frankreichs Ehre repräsentieren: Neben der Geschichte der schmachvollen Kollaboration mit dem Nazismus und der unbarmherzigen antisemitischen Politik des *État français* unter Pétain gibt es auch diese helle Seite der Geschichte jener Zeit.

Die historische Studie bildet den ersten Teil des Buches. Der zweite Teil enthält die Zeitzeugenberichte. Ihnen wird im Buch viel Raum gegeben, um ihren großen Wert für die Zeit nach dem Krieg, aber auch für die Gegenwart hervorzuheben, da die Zeitzeugen immer weniger werden. Ob die Berichte nun unmittelbar von damals stammen oder erst mit zeitlichem Abstand aufgezeichnet worden sind: Sie sind eine fruchtbare Quelle und Gegenstand der Untersuchung.

Die vorliegende Ausgabe konnte dank der Unterstützung des Vereins *Patrimoine, Mémoire et Histoire*[4] (PMH, Dieulefit) realisiert werden.

Ihm gilt mein Dank ebenso wie all denen, die die aktualisierte Fassung gelesen und korrigiert haben.

Bernard Delpal
Historiker und Universitätsprofessor

4 Deutsch: Kulturelles Erbe, Erinnerung und Geschichte (Anm. d. Übers.).

Vorwort

Die Geschichte, die durch diese Publikation wieder lebendig wird, ist schön, bewegend und rätselhaft. Dank seiner genauen Kenntnis der Region stellt Bernard Delpal den geografischen, historischen und sozialen Kontext dar, in dem Dieulefit Juden und anderen mit dem Tode bedrohten Menschen Schutz bot, ohne auch nur einmal von diesem schwierigen und gefährlichen Weg abzuweichen. Das macht es aus, dass diese Geschichte so schön und bewegend ist. Aber sie ist auch ungewöhnlich rätselhaft: Wie wurden die Entscheidungen, die so folgenreich waren, getroffen? Wie konnte eine Gemeinde, in der es auch Spannungen und Feindseligkeiten gegeben haben musste, eine derartige gemeinsame Widerstandsfront entwickeln? Wie konnte sie angesichts der sozialen Diversität ihrer Bewohner und der geografischen Streuung der Schutz bietenden Häuser zu einem solchen Zufluchtsort werden, und das auch durchhalten? Bernard Delpal formuliert Hypothesen, die von den Zeitzeugenberichten, die er dokumentiert, bestätigt oder vielmehr verkörpert werden: der hugenottische Nährboden, die ländliche Gastfreundschaft und Solidarität, das Festhalten an den republikanischen Werten. Es bleibt festzuhalten, dass alle Erklärungsansätze der Welt die Haltung der Bevölkerung von Dieulefit nicht in ihrer Gesamtheit erfassen können. Einen sicheren und absolut zuverlässigen Zufluchtsort für bedrohte Menschen zu gewähren, bedeutet für ausnahmslos alle, Stillschweigen zu bewahren – und das ist nicht selbstverständlich. Wenn auch nur eine einzige Person es bricht, kann alles verloren sein. Es muss betont werden, dass niemand diese stillschweigende

Regel gebrochen hat, jeder und jede hat im Glauben an die unerschütterliche menschliche Brüderlichkeit dazu beigetragen. Emmanuel Mounier, der sehr genau wusste, wovon er sprach, da er einer derjenigen war, die Zuflucht in Dieulefit gefunden hatten, brachte es auf den Punkt, als er 1945 von »diesen tausend résistances«[5] sprach, »die einen Schutzwall der Zivilisation« bildeten. Wenn jemand an die Tür klopft, so stellte Germaine Tillion fest, gibt es diejenigen, die öffnen, und diejenigen, die nicht öffnen. Wer öffnet, weiß, welche Verantwortung er trägt. Nichts anderes sagte Pierre Emmanuel im Jahr 1968 in seiner Rede anlässlich der Aufnahme in die *Académie Française*: »In Dieulefit ist niemand ein Fremder. Wer gerade ankommt und völlig erschöpft ist nach einer schrecklichen Busfahrt, ausgehungert, vielleicht verfolgt, verängstigt von all den auf ihn gerichteten Blicken, darf hier aufatmen, jetzt erwartet ihn der Frieden. Er wird zuhause sein, bei den Seinen, denn er ist der Nächste, für den der Tisch immer gedeckt ist.«

In der heutigen Zeit, in der in Frankreich noch ein Bild der schwarzen Jahre vorherrscht, in dem Willensschwäche und gemeine Laschheit der Menschen die dominierenden Merkmale sind, ist es wichtig, dass nun einer breiten Öffentlichkeit bekannt wird, was in diesem gastfreundlichen Umkreis von Dieulefit im Geheimen getan wurde. Die Worte Stanley Hoffmanns kommen wieder in Erinnerung, der 1972 seine Rezension des Films *Le Chagrin et la Pitié*[6] mit den folgenden Worten schließt, mit denen er an den Lehrer erinnert, der ihn und seine Mutter rettete: »Seine sanfte Frau und er waren keine Helden der Résistance, aber wenn es einen gewöhnlichen Franzosen gibt, der sein Volk repräsentiert, dann ist es dieser Mann;

5 résistances: so im Original, im Plural (Anm. d. Übers.).

6 *Le Chagrin et la Pitié*: Dokumentarfilm von Marcel Ophüls, 1969. Deutscher Titel: *Das Haus nebenan – Chronik einer französischen Stadt im Kriege* (Anm. d. Übers.).

und aus diesem Grund haben Frankreich und die Franzosen für immer unsere Würdigung verdient, und ich werde niemals aufhören, sie zu lieben.«

Laurent Douzou
Professor für zeitgenössische Geschichte,
Fakultät für politische Studien, Lyon
Mitglied des *Institut Universitaire de France*

1. Teil

Historische Studie

Bernard Delpal

»Schwerer ist es, das Gedächtnis der Namenlosen zu ehren
als das der Berühmten. Dem Gedächtnis der Namenlosen
ist die historische Konstruktion geweiht.«

Dieses Zitat Walter Benjamins steht in mehreren Sprachen
auf dem ihm gewidmeten Mahnmal im Grenzort Portbou
(Nordkatalonien, Spanien).

In Dieulefit ist niemand ein Fremder

Rettungswiderstand in den schweren Jahren des Krieges (1939–1945)

Einführung

Dieulefit, eine kleine Stadt im Süden des Departements Drôme, hat in den dunklen Jahren des Zweiten Weltkriegs, in der Zeit seit der Niederlage Frankreichs und während der feindlichen Besatzung bis zur Befreiung Frankreichs (1939–1944), eine bemerkenswerte Geschichte durchlebt. Die Stadt Dieulefit und der Kanton mit seinen etwas mehr als 6.000 Einwohnern haben Hunderte von Menschen, Erwachsene und Kinder, die von der Besatzungsmacht und den Kollaborationskräften verfolgt wurden, aufgenommen, beherbergt, geschützt und gerettet. Keine einzige Festnahme, keine einzige Deportation, keine einzige Exekution sind zu beklagen. Auch wenn dieser Fall in Frankreich und Europa nicht einzigartig ist, sollte er doch erzählt werden, denn er zeigt ein historisches Phänomen, das in seiner Tragweite und seinem Verlauf bisher wenig bekannt ist: Der Widerstand der Bevölkerung (der im Folgenden als »zivilgesellschaftlicher« oder »ziviler« Widerstand bezeichnet wird) gegen barbarische Akte, ungerechte Gesetze, gewalttätiges Verhalten, gegen diejenigen, die die Würde des Menschen angreifen.

Mit dem Ende der Kämpfe des Zweiten Weltkriegs kommt in Europa ein doppelter Prozess der Bewusstwerdung in Gang: Das Ausmaß der Gewalt des Krieges und der Besatzung wird deutlich, und das gesamte Ausmaß der Barbarei von Deportationen und

Vernichtung, die Kriegsgefangene, Zivilbevölkerung und »Partisanen« traf, kommt zunehmend ans Licht.

Bereits unmittelbar nach dem Ende der Kampfhandlungen beginnen Akteure, Zeitzeugen und Historiker in den Ländern, die den Nazismus und Faschismus besiegt haben, Elemente einer Geschichte der Besatzung und der Befreiung zusammenzutragen. Zum einen werden die Auswirkungen der feindlichen Präsenz in den besetzten Ländern erforscht, zum anderen beschreibt man den Mut, die Entschlossenheit und Wirksamkeit der Netzwerke und der im Untergrund operierenden Widerstandsgruppen, der Männer und Frauen, die mit der Waffe in der Hand gegen die Besatzer gekämpft hatten, indem sie Sabotageakte und gezielte Operationen durchführten, freie Informationen verbreiteten oder Radio London (die Sendungen des BBC in französischer Sprache) hörten.

In Frankreich werden die ersten Berichte vom *Comité d'Histoire de la Guerre* gesammelt, das im Juni 1945, unmittelbar nach der Kapitulation des Dritten Reichs, gegründet worden ist. Das *Comité* arbeitet und forscht vor Ort und trägt Zeugenberichte des Widerstands zusammen. 1948 tritt das *Comité d'Histoire de la Seconde Guerre mondiale* unter der Leitung des Historikers Henri Michel dessen Nachfolge an. Dieser Professor, ehemaliger Widerstandskämpfer, wird zum international anerkannten Spezialisten für den Zweiten Weltkrieg und beeinflusst die europäischen Historiker der 1960er und 1970er Jahre nachhaltig. Unterstützt durch die *Revue d'Histoire de la Deuxième Guerre mondiale*, das Kino und ein außerordentlich breites Netzwerk von Wissenschaftlern in ganz Frankreich favorisiert er eine Geschichte der Helden des Widerstands, der Widerstandsorganisationen des Untergrunds und ihrer Hochburgen wie zum Beispiel die Militärcamps in den Glières (Haute-Savoie) und im Vercors (Gebirgsmassiv zwischen Drôme und Isère), und er prangert die Kollaborateure, die Befürworter der Kollaboration und die Unschlüssigen an, also all diejenigen, die sich nicht gegen

Marschall Pétain gestellt und sich nicht dem freien und kämpfenden Frankreich angeschlossen hatten.

Die unmittelbar nach dem Krieg einsetzende Geschichtsschreibung über die schwarzen Jahre der Niederlage und der Besatzung stellt also die Résistance mit ihren bekannten Figuren denjenigen gegenüber, die aus Blindheit oder aus Sympathie für den Nazismus diesem in die Hände gearbeitet hatten. Frankreich, das Land, in dem die Kollaboration mit Nazideutschland durch den Staat organisiert worden war, kann durch die Anerkennung des freien Frankreich und der Résistance auf seine Rehabilitierung hoffen. Im kollektiven Bewusstsein ist es dem Heldenmut der hinter General de Gaulle vereinten Résistance-Kämpfer zu verdanken, dass es dem Land erspart geblieben ist, im Jahr 1944 von den Alliierten als besiegtes Land behandelt zu werden. Das wahre Frankreich wird demnach von Charles de Gaulle verkörpert, dem hellsichtigen und mutigen General, der am 18. Juni 1940 von London aus seinen berühmten *Appell* verbreitet hatte. Das legitime Frankreich ist in London, später in Algier, das Frankreich, das den État de Vichy und seinen Regierungschef Philippe Pétain nicht anerkennt und den schmachvollen Waffenstillstand und die Schwächung des Bündnisses mit Großbritannien ablehnt. Das patriotische Frankreich lebt im Vercors, in den Glières, mit General Leclerc in Nordafrika. Von de Gaulle bis zu François Mitterand haben alle Präsidenten der französischen Republik diese Erzählung weiter tradiert und neu angefacht.

Diese Geschichtsschreibung wird heute als notwendige Etappe der Nachkriegszeit angesehen, aber als eine Etappe, die überwunden werden musste, ohne sie gänzlich in Frage zu stellen. Ende der 1970er Jahre wird schließlich begonnen, die Geschichte der aus rassistischen Motiven Deportierten, vor allem der jüdischen Deportierten, aufzuarbeiten, nachdem man lange Zeit die Stimmen der wenigen Überlebenden nach ihrer Rückkehr aus den Todeslagern nicht hören wollte. Hier müssen ein Buch und ein Film als Beginn dieser Auseinandersetzung genannt werden. Das Buch ist Serge Klarsfelds 1978 veröffentlichtes *Mémorial de la déportation des Juifs de France*, das 2012 in einer aktualisierten Fassung neu aufgelegt wurde. Der Film ist Claude Lanzmanns Dokumentarfilm *Shoah* (1983); er ist ein wichtiger Meilenstein für die Bewusstwerdung des Genozids, und das nicht nur in Frankreich.

Diese beiden Werke konfrontieren die Europäer mit ihrer Verantwortung für die Vernichtung der europäischen Juden auf dem Alten Kontinent, der für sich beanspruchte, christlich zu sein. Das Buch *Mémorial* weist unwiderlegbar und zwingend nach, wie weitgehend die Vernichtung auf französischem Boden vorangetrieben worden war und wer dafür auf Seiten der Nazis und auf Seiten ihrer Komplizen verantwortlich war, angefangen beim État français von Vichy. Nachdem die Deportation von 76.000 Juden, darunter 11.000 Kindern, nachgewiesen war, stellt das Buch *Mémorial* auch die Frage nach den Bedingungen, die es möglich machten, dass etwas mehr als 260.000[7] der insgesamt etwa 340.000 Juden, die Ende 1940 in Frankreich lebten, ihren Henkern, den deutschen und den französischen, entkommen konnten. Die Tatsache, dass so viele Juden gerettet werden konnten, stellte für die deutschen Behörden wie auch für die französische Vichy-Regierung eine Niederlage dar, was zum Teil erklärt, warum sich die Beziehungen zwischen der Besatzungsmacht und der französischen Kollaborationsregierung Ende 1943 verschlechtert hatten. Die Résistance und die Propaganda der Alliierten trugen dazu bei, dass sich die öffentliche Meinung zunehmend gegen die Vichy-Regierung stellte.

7 Zu den 300.000 Juden, die Ende 1939 in Frankreich lebten (in der überwiegenden Mehrheit französische Staatsbürger) kommen noch die Flüchtlinge, die vor den totalitären Regimes und deren rassistischen Gesetzen oder gewaltsamen Verfolgungen (wie in der Pogromnacht am 9. November 1938) geflohen waren.

Aber wer hatte diese Rettung schaffen können? In dem Maße, wie die großen religiösen, humanitären, politischen und kulturellen Institutionen und die intellektuelle und künstlerische Elite versagten oder so wenig taten, dass sich die Juden – abgesehen von ihren eigenen Institutionen – im Stich gelassen fühlten, wurden die Rettungs- und Solidaritätsaktionen, die von Menschen aus der »normalen Bevölkerung« kamen, immer wirkungsvoller. Denn es waren diese Menschen, die, wenn auch nicht vollständig, so doch zum großen Teil die rassistischen, politischen (gegen die Widerstandskämpfer gerichteten) und sozialen (gegen die »unerwünschten Elemente« jeglicher Art gerichteten) Pläne zur Vernichtung weitgehend scheitern ließen. In dem ab Ende 1942 vollständig besetzten Frankreich setzten sich Männer, Frauen und Kinder über die menschenverachtenden Gesetze und Anordnungen hinweg, um andere Menschen vor Demütigung und Tod zu retten. Sie leisteten auf diese Weise Widerstand, nicht durch Waffen, aber indem sie das Überleben derjenigen sicherten, die vernichtet werden sollten. Das gesamte Ausmaß dieses Handelns ist noch nicht ausreichend bekannt. Aber für unsere Zeit und für die Gestaltung unserer Gesellschaften ist das Wissen darüber von großer Wichtigkeit.[8]

8 In Frankreich wurde dieser Forschungsansatz bekannt durch ein wichtiges Werk: Jacques Semelin: *Sans armes face à Hitler. La Résistance civile dans l'Europe nazie 1939–1943.* Payot 1989, Neuauflage 1998, und durch sein neueres Buch, das er gemeinsam mit Claire Andrieu und Sarah Gensburger herausgegeben hat: *La résistance aux génocides. De la pluralité des actes de sauvetage.* Presses de Sciences-Po, Dezember 2008, 552 S. Ein wichtiges Grundlagenwerk.

Dieulefit – Stadt und Landkreis

Die Kleinstadt Dieulefit hat im Jahr 1936 (letzte Zählung vor dem Krieg) 2.393 Einwohner. Als Kantonshauptstadt steht sie an der Spitze von 15 Gemeinden mit insgesamt 3.871 Einwohnern. Im gesamten Kanton Dieulefit, dem heutigen Landkreis Dieulefit, leben zur Zeit des Zweiten Weltkriegs also insgesamt 6.264 Einwohner.

Der Landkreis Dieulefit gehört zur Unterpräfektur Nyons im Süden des Departements Drôme. Er liegt 30 km östlich des Rhônetals. Die Stadt Dieulefit selbst liegt in gemäßigter Höhe (380 m) in einer Senke, ringsum umgeben von fast tausend Meter hohen Bergen. Der Landkreis Dieulefit gehört zur historischen Provinz Dauphiné und bildet den Übergang zur Provence. Wie es die Journalistin Andrée Viollis (während des Krieges als Flüchtling in Dieulefit; siehe ihr Zeitzeugenbericht S. 118) beschreibt, verbindet sich hier die Rauheit der Dauphiné mit den Farben und dem Licht der Provence. Mitte des letzten Jahrhunderts sprachen viele Einwohner einen provenzalisch gefärbten Dauphinois-Dialekt, der zur großen Familie der okzitanischen Sprachen gehört.

Der Landkreis Dieulefit ist also ein ländlicher Raum mit diversen wirtschaftlichen Aktivitäten. In den kleinen Gemeinden des Kantons sind Ackerbau und Viehzucht vorherrschend, dazu kommt Handwerk, vor allem Töpferei. Der Hauptort, also Dieulefit selbst, lebt vor allem von zwei wirtschaftlichen Sektoren: von der Textilindustrie und von seiner Bedeutung als Luftkurort. Die Textilindustrie ist alteingesessen und hat sich schon im 19. Jahrhundert entwickelt. Zahlreiche Fabriken und Werkstätten prägen die Landschaft und beschäftigen eine vor allem weibliche Arbeiterschaft. Ab den 1930er Jahren erlebt die Textilindustrie in Dieulefit heftige Krisen, die von der großen Familie Morin, einer im Landkreis bedeutenden Unternehmerfamilie, schließlich überwunden werden können. Noch in den 1950er Jahren bestimmen

Dicht besiedelte Altstadt von Dieulefit, Aufnahme von 1948.
[private Sammlung.]

Das Belvédère, kurz vor dem Krieg erbautes Sanatorium für Tuberkulosekranke. Hier wurden Kinder und Jugendliche aufgenommen, auch einige, die an Tuberkulose erkrankt waren. Das beunruhigte die Bevölkerung, da die Patienten hier, anders als in anderen Sanatorien für Tuberkulosekranke, freien Ausgang hatten. [Sammlung PMH.]

Doktor Georges Luigi mit seiner Familie im alten Schwimmbad von Dieulefit, an der Straße nach Bourdeaux, 1926. Er ist sportlich, Arzt aus Leidenschaft und lässt sich 1919 in Dieulefit nieder. 14 Jahre lang fördert er Dieulefit als Luftkurort und setzt sich für volksnahe Medizin ein. 1933 lässt er sich an der Côte d'Azur nieder. Auch wegen seiner Zweisprachigkeit (seine Mutter war Engländerin) wird er von den englischen Patienten sehr geschätzt. An seinem Lebensende kehrt er nach Dieulefit zurück und wird hier gepflegt. [Sammlung Aline Comte.]

die Fabriksirenen morgens und abends den Tagesrhythmus der Bevölkerung.[9]
Die Bedeutung Dieulefits als Luftkurort ist jüngeren Datums: Durch die Initiative des Arztes Georges Luigi verbreitete sich nach dem Ersten Weltkrieg der gute Ruf als Luftkurort, zumindest regional; die gute ärztliche Versorgung und viele positive Rückmeldungen der zahlreichen Patienten verstärkten ihn zusätzlich. Dank der guten Luft und der Ruhe, der sorgfältigen Untersuchungen, der sorgsamen Pflege und regelmäßigen Kuranwendungen fanden Erwachsene und Kinder mit nicht tuberkulösen Atemwegserkrankungen Genesung und kamen wieder zu Kräften. 1939 gab es noch keine großen spezialisierten Einrichtungen, nur ein kleines Sanatorium, das Belvédère. Die ärztliche und heilklimatische Versorgung wurde durch die beiden Arztpraxen in der Stadt gewährleistet sowie durch eine große Anzahl kleiner Häuser wie das Sanatorium Belvédère und vor allem Pensionen, die wahre Oasen der Erholung und Ruhe waren.

Zu den aktivsten dieser Häuser zählten die Pensionen Les Tilleuls, Le Jas, Les Brises, Beauvallon (Pension Dourson), Les Granges, Le Parol und Les Rivales in der Nähe der Töpferei Coursange. Diese Pensionen hatten ihre Stammgäste aus Lyon, Grenoble, Marseille, Montpellier, Paris und sogar aus den Nachbarländern (Großbritannien, Schweiz, Deutschland, Belgien). Oft war es der Hausarzt oder der Lungenarzt, der ihnen Dieulefit als Luftkurort empfohlen hatte.

Dieser Aufschwung hatte zwei wesentliche Begleiterscheinungen für den Landkreis: die Entwicklung des Tourismus und die Gründung schulischer Einrichtungen. Auch hier spielte Doktor Luigi wieder eine wichtige Rolle. Er gründete 1926 mit Hilfe des Uhrmachers

---

9 *La Drôme. Aspect géographique, historique, touristique, économique et administratif du Département*. Ausgabe 1954, S. 238. Bebilderte Broschüre mit einem Text des Bürgermeisters Pol Arcens über Dieulefit.

Roux das erste Fremdenverkehrsamt, Vorläufer der heutigen Touristeninformation. Kurze Zeit später förderte er die Gründung einer neuen Schule in der Nähe von Dieulefit, der Schule von Beauvallon. Die beiden Gründerinnen und Direktorinnen Marguerite Soubeyran und Catherine Krafft hatten sich zum Ziel gesetzt, die im September 1929 eröffnete Schule als reformpädagogische Einrichtung zu führen, wie sie vom Institut Jean-Jacques Rousseau in Genf konzipiert und erprobt worden war. In kurzer Zeit entwickelte sie sich zu einer schulischen Einrichtung, die optimal auf die Bedürfnisse der Kinder abgestimmt war, die zu einer medizinischen Behandlung oder zur Kur nach Dieulefit geschickt wurden.[10]

Mit der Entwicklung zum Luftkurort entwickelte sich auch der Tourismus. Um dem gleichzeitigen Aufschwung von Tourismus und Kurbetrieb gerecht zu werden, entstand im Landkreis die dafür notwendige Infrastruktur mit Pensionen, Hotels, Hotels garnis, Gästezimmern und Ferienwohnungen. So entstanden willkommene zusätzliche Einkommensquellen für die lokale Bevölkerung, und der Kanton öffnete sich nach außen.

Mit diesem wirtschaftlichen Aufschwung wurde die lokale Gesellschaft dynamischer und vielfältiger. Dieulefit war im 19. Jahrhundert das drittstärkste industrielle Zentrum des Departements Drôme. Das zeigte sich noch Mitte des 20. Jahrhunderts in einer besonderen Sozialstruktur. Neben Ackerbauern und Viehzüchtern gab es eine alteingesessene Arbeiterschaft, ein aktives Bürgertum, zahlreiche Handwerker und Selbstständige, Händler und einen recht beachtlichen Dienstleistungssektor (im Bankenwesen zum Beispiel). Das Töpferhandwerk überlebte die große Weltwirtschaftskrise der dreißiger Jahre; wer nach Dieulefit kommt, erkennt die zahlreichen Töpfereien leicht an den Töpferwaren, die im Freien auf Holzgestellen trocknen.

10 G. Luigi: *L'École de plein air de Beauvallon.* Montpellier médical, Mai 1933.

Töpfer an seiner (fußbetriebenen) Töpferscheibe. Zur Zeit der Kriegserklärung 1939 arbeiten zahlreiche selbstständige Töpfer in Dieulefit und im Landkreis. Sie nutzen die tonige Erde, die vor Ort gegraben wird (in Vitrouillères), als Material und brennen sie selbst in mit Holz betriebenen Brennöfen. Keramik, Steingut und Tonware sind hauptsächlich Gebrauchsgegenstände. [Sammlung der Archives départementales de la Drôme.]

Das Rathaus von Dieulefit. Ende des 19. Jahrhunderts erbaut, Sitz der Gemeindeverwaltung (Bürgermeisteramt) und Schlichtungsstelle (»Friedensrichter«), um kleinere Konflikte der Bürger untereinander zu schlichten. Das Gebäude ist auch das Verwaltungszentrum für den Kanton, dessen Hauptort Dieulefit ist. [Sammlung PMH.]

Die reformierte Kirche von Dieulefit, Anfang des 19. Jahrhunderts erbaut. Während der Kriegs- und Besatzungsjahre kommen viele Geflüchtete, um die Predigten des Pastors zu hören, auch Kinder, einige davon jüdische Kinder, aber nie auf Druck der sie aufnehmenden Familien hin. [Sammlung PMH.]

Das Haus Haillus im Süden von Dieulefit an der Straße nach Montélimar. Henri Haillus, Kommunist aus der Pariser Region, flüchtet vor der Gestapo nach Dieulefit. In diesem Haus werden zunächst spanische Republikaner und dann auch Flüchtlinge aus der nördlichen besetzten Zone aufgenommen. Henri Haillus ist während des Krieges in der kommunistischen Zelle Dieulefit aktiv. [Sammlung J.-P. Haillus.]

Der Landkreis weist in soziokultureller Hinsicht einige Besonderheiten auf und ist in seiner Komplexität schwer zu fassen. Was die Religionen betrifft, ist zunächst eine alte und stabile Koexistenz der beiden Konfessionen zu nennen. Seit dem 18. Jahrhundert sind Katholiken und Protestanten in der Bevölkerung etwa gleichmäßig verteilt. Allerdings bekommen die Protestanten kulturell und wirtschaftlich einen zunehmend starken Einfluss im Landkreis, wie das auch sonst in der Dauphiné und im Südosten des Landes häufig der Fall ist. Im öffentlichen Leben der Gemeinde, im Bildungsbereich, im Hinblick auf die Öffnung zur Welt und zur Kultur übernehmen sie eine Vorreiterrolle mit der Förderung des Lesens, der Bibliotheken, des Vereinslebens, der künstlerischen und intellektuellen Aktivitäten. Dieulefit wird in Veröffentlichungen auch häufig als »protestantische Stadt« präsentiert; eine Bezeichnung, die sowohl überzogen als auch bedeutsam ist.[11]

Die Katholiken sind weder untätig noch resigniert. Aber sie akzeptieren und würdigen die protestantischen Stärken, indem sie beispielsweise protestantische Gemeinderatsmitglieder wählen oder sich von einem protestantischen Arzt behandeln lassen: Kompetenz und Können gelten mehr als konfessionelle Vorurteile. Das gute Einvernehmen zwischen den beiden Konfessionen bedeutet aber nicht, dass es keinen Wettbewerb zwischen ihnen gegeben hätte. Dieser oft unterschwellige Wettbewerb findet aber in einem Klima des sozialen Friedens statt, was an das elsässische Modell erinnert, zum Beispiel, wenn es darum geht, wohltätige Institutionen oder Freizeiteinrichtungen zu schaffen.

---

11 So auch der große amerikanische Historiker R. O. Paxton, wenn er die »toleranten Städte des französischen Südens, zum Beispiel das protestantische Dieulefit« hervorhebt. In: R. O. Paxton, O. Corpet, C. Paulhan: *Archives de la vie littéraire sous l'Occupation. À travers le désastre.* Tallandier-IMEC 2009, S. 15.

Analysiert man die politische Situation im Landkreis Dieulefit, sind die gewohnten Zugänge nur mit Differenzierung brauchbar. Dieser ländliche Raum ist politisch deutlich linksorientiert. Die 1935 in Dieulefit gewählte Gemeindevertretung wird von den Volksfrontparteien gestellt. Auch der Landkreis ist linksorientiert, sogar weit links. Vor dem Krieg hatte die kommunistische Partei im ländlichen und bäuerlichen Milieu Fuß gefasst. Krieg, Résistance und Befreiung verstärken diese Linksorientierung, und das kommt der kommunistischen Partei zugute. Aus den Wahlen 1945 und 1946 geht sie als deutlicher Sieger hervor, sowohl auf kommunaler Ebene als auch bei den landesweiten Wahlen, während die sozialistische Partei und die Radikaldemokraten Verluste erleiden und im Vergleich zur Vorkriegszeit deutlich schlechter abschneiden. Der erste Bürgermeister von Dieulefit nach der Befreiung, M. Duffau, wird von der lokalen Sektion der kommunistischen Partei unterstützt.

Widerstand gegen den Totalitarismus und seine Kollaborateure

Als Frankreich 1940 die militärische Niederlage und den Zusammenbruch erleidet, ist das nicht die Stunde des Widerstands, sondern die Stunde der Verzweiflung und schmerzlichen Infragestellung des vorherrschenden kollektiven Bewusstseins. Der große Philosoph und katholische Schriftsteller Jacques Maritain äußert seinen Schmerz: »Es ist grausam, wenn man versuchen muss, den Zusammenbruch des eigenen Landes zu erklären. Um ehrlich zu sein: Wir können das Ausmaß unseres Unglücks noch gar nicht ermessen.«[12] Der Schriftsteller Jean Bruller – bekannter Schriftsteller der Résistance, der 1942 unter dem Namen Vercors im Verlag Éditions de

12 Jacques Maritain: *À travers le désastre*, 1941.

Minuit, der extra für diese Publikation gegründet worden ist, sein berühmt gewordenes Werk *Le Silence de la mer*[13] veröffentlicht, – erinnert sich an das Debakel und die tiefe Verzweiflung im Juli 1940: »Ich fragte mich, ob es letztendlich nicht zu etwas gut war, dass wir besiegt worden sind.«[14] Die nach dem Debakel einsetzende allgemeine Verwirrung und Verzweiflung äußert sich in fünf Überzeugungen und Empfindungen:

- Die Niederlage ist so unerklärlich wie total.
- Das Regime der 3. Republik ist zum Untergang bestimmt, und niemand will es wieder herstellen.
- Eine tiefgehende Erneuerung ist notwendig.
- Die deutsche Macht ist unerschütterlich.
- Akte des Widerstands können nur unheilvolle Folgen nach sich ziehen.

Der Appell General de Gaulles vom 18. Juni 1940 an die Franzosen, den Kampf fortzusetzen und den von Pétain am Vorabend angebotenen Waffenstillstand nicht zu akzeptieren, ändert in diesem Zusammenhang nichts an der Situation in Frankreich. Erst in der Folgezeit, als die Résistance sich zu organisieren beginnt, bekommt er den Stellenwert des Schlüsseltextes, als der er heute in Frankreich gesehen wird. Im Jahr 1940 glauben die Franzosen, und zwar die große Mehrheit, wenn das Land eines Tages wieder aufstehen solle und wenn man die Folgen der Niederlage und der Besatzung für den Augenblick etwas abmildern wolle, so müsse man sich an Marschall Pétain halten, der auf den Schlachtfeldern von Verdun

13 Deutsche Übersetzung: Vercors: *Das Schweigen des Meeres.* Zuletzt bei Diogenes. Zürich 1999 (Anm. d. Übers.).

14 Zitiert nach R. O. Paxton, in: R. O. Paxton, O. Corpet, C. Paulhan: *Archives de la vie littéraire sous l'Occupation. À travers le désastre.* Tallandier-IMEC 2009, S. 7 (dt. Übersetzung des Zitats durch d. Übers.).

seinen antideutschen Patriotismus eindeutig und tatkräftig unter Beweis gestellt habe. Das Vertrauen in Pétain, die Anerkennung der Legalität der Regierung, die er am 10. Juli 1940 gebildet hat, die in den Regierungschef gesetzte Hoffnung, dass er das Land wieder aufrichtet: Man hätte unrecht, wenn man heute denkt, diese Gefühle und Gedanken hätten damals nur die Unschlüssigen und Defätisten gehabt. Nicht wenige Widerständler teilten diese Gefühle zuerst für eine gewisse Zeit, bis zu dem Augenblick, in dem offensichtlich wird, dass man nicht antideutsch sein und zugleich in die abscheuliche Kollaboration verwickelt bleiben kann. Hier sei beispielhaft der Gründer der Résistance-Gruppe *Combat*, Henri Frenay, genannt, der erst im Mai 1942 mit Pétain bricht.

Hinzu kommt, dass die Unterzeichnung des deutsch-sowjetischen Nichtangriffspakts Verwirrung in den Reihen der Kommunisten ausgelöst hatte, nicht nur in Frankreich. Bis Juni 1941, bis zum Angriff der Hitlerarmeen auf die Sowjetunion, konnten die Kommunisten nur individuell und isoliert handeln. Nachdem die kommunistische Partei nach Churchills Aufruf ins Lager der Verbündeten gegen Nazideutschland gewechselt hatte, bilden sich zwei große Widerstandspole, die *Armée Secrète* (AS), in der sich zahlreiche Gaullisten oder »Pro-England«-Anhänger sammeln, und ein kommunistischer Pol mit der Bewegung FTP (*Francs-Tireurs et Partisans*).[15]

15 AS: Die Initialen von *Armée Secrète* (geheime Armee). Diese militärische Organisation entsteht Ende 1942 aus der Fusion von drei Widerstandsorganisationen: *Combat*, *Libération-sud* und *Franc-Tireur* (Freischärler). Viele Gaullisten schließen sich der AS an (die häufig das Lothringische Kreuz als Erkennungssymbol benutzt).
FTP: Die Initialen von *Francs-Tireurs et Partisans* (*Français*; wenn man die Initialen vollständig benutzt: FTPF). Diese sowohl militärische als auch politische Organisation wird Ende 1941 von der französischen kommunistischen Partei gegründet. Um die Befreiung vorzubereiten, vereinen sich die beiden Organisationen 1944 zu den FFI (*Forces Françaises de l'Intérieur*).

In dem Maße, wie sich der Widerstand ausweitet, wird immer offenkundiger, dass die französische Vichy-Regierung die Nazis bei der Bekämpfung der Résistance unterstützt. Die Aktionen und Ausschreitungen der französischen Miliz verstärken die fatale Spaltung innerhalb der französischen Gesellschaft, und in der Folge entstehen vielfältige und neue Formen des Widerstands ohne Waffen. Männer, Frauen, Jugendliche, Franzosen wie Ausländer, tragen, oft als Einzelne und ohne Anbindung an eine Organisation, entscheidend zum Widerstand gegen den Totalitarismus bei, indem sie Zehntausenden von Menschen helfen, ihm zu entkommen. Der Nazismus, der Nazifaschismus und seine Verbündeten tragen – unter anderem – die schreckliche Verantwortung dafür, dass sechs Millionen Juden in Europa getötet wurden. Heute wissen wir, dass diese furchtbare Bilanz noch viel schlimmer hätte ausfallen können, wenn es nicht die vielen Akte aktiver Solidarität gegeben hätte, die dazu geführt haben, dass der Plan der systematischen Vernichtung, den Hitler und seine Helfershelfer ausführen wollten, um »die neue Ordnung« auf dem alten Kontinent zu errichten, zumindest teilweise vereitelt werden konnte.

Formen und Bedingungen des Widerstands in der Region

Heute gehört der Landkreis Dieulefit zum Departement Drôme, einem der 12 Departements, die nach der Verwaltungsreform von 2016 die administrative Region Auvergne-Rhône-Alpes bilden. In der Geschichte des Departements zur Zeit des Krieges sind die beiden Waffenstillstandsabkommen, die die Kämpfe beenden, von besonderer Bedeutung: das am 22. Juni 1940 mit der deutschen Regierung und das am 24. Juni 1940 mit der italienischen Regierung geschlossene (Mussolini hat Frankreich am 10. Juni 1940 den Krieg erklärt). Diese beiden Waffenstillstandsabkommen haben für die Region weitreichende Folgen. Vier wesentliche sind zu nennen:

- Zehntausende Flüchtlinge aus dem Norden des Landes, die nicht mehr nach Hause zurückkehren können (oder es nicht wollen), suchen Zuflucht im Südosten des Landes. Darunter sind viele Elsässer und Lothringer; ihre Aufnahme im Landkreis erschwert die alltäglichen Lebensbedingungen und die Versorgung.
- Die Drôme liegt südlich der Demarkationslinie in der nicht besetzten Zone, der sogenannten »freien Zone«.
- Deshalb befinden sich keine Besatzungstruppen in der Region, aber auch hier werden Rohstoffe beschlagnahmt, und seit Sommer 1942 werden Arbeitskräfte zum Zwangsarbeitsdienst verpflichtet.
- Es sind die Italiener, die als Besatzungsmacht für die Region südöstlich der Achse Rhône-Saône verantwortlich sind; das entspricht im Wesentlichen den ehemaligen Regionen Rhône-Alpes und Provence sowie Alpes-Côte d'Azur und Korsika.

Der Waffenstillstand, den das faschistische Italien den Franzosen auferlegt, ist weniger hart: Das von der italienischen Armee besetzte Gebiet in der Grenzzone ist relativ begrenzt (800 km^2 mit 28.000 Einwohnern).

Diese Situation wird sich im Laufe des Konflikts verändern. Im November 1942, nach der Landung der Alliierten in Nordafrika, dringen die deutschen Truppen nach Süden vor, nach Toulon und Marseille. Die sogenannte »freie Zone« wird ebenfalls besetzt. Die Demarkationslinie verschwindet nach und nach. Es ist vorbei mit der Fiktion der Souveränität Vichys im südlichen Teil Frankreichs. Entsprechend dem Abkommen zwischen den beiden Diktaturen besetzt die italienische Armee den größten Teil der Region Südosten. Die *bersaglieri* (ursprünglich piemontesische Gebirgsjäger) tauchen in Grenoble, Gap, Digne und im Rhônetal auf. Die italienische Militärverwaltung quartiert sich in Montélimar ein. Weiter südlich, in Marseille, führen die Deutschen mit Unterstützung von Bousquet (dem Hauptverantwortlichen der französischen Regierung für die Polizei) eine schreckliche Razzia durch, ausgehend vom Alten Hafen; diese Operation erinnert sehr an die Razzia des *Vélodrôme d'Hiver*.[16]

Die Situation ändert sich grundlegend im September 1943 nach der Festnahme Mussolinis und der Unterzeichnung des Waffenstillstands zwischen Italien und den Alliierten. Die Deutschen lösen die Italiener ab; viele Italiener verstecken sich, desertieren oder schließen sich dem Widerstand gegen den Nazifaschismus an. Der italienische Kommandant von Montélimar, der das Ausmaß des Antisemitismus der lokalen Behörden (einschließlich der Polizei) gesehen hat, bietet jüdischen Flüchtlingen an, Lastwagen seiner Einheit zur Flucht nach Nizza zu nutzen.

Mit der deutschen Besetzung der Côte d'Azur, der Region von Marseille und der Küstenregion des Golfs von Lion kommt es zu Verhaftungen und Razzien. Viele Juden geraten in eine Falle. Britische Zivilisten, die zu unerwünschten Personen erklärt werden, werden in den Vaucluse und die Drôme zwangsevakuiert. Die Landung der Alliierten in der Provence am 15. August 1944 verändert die Situation wiederum grundlegend.

---

16 *La rafle du Vélodrome d'Hiver*: Bei einer großen Razzia in Paris am 16. und 17. Juli 1942 wurden etwa 13.000 Pariser Juden festgenommen und zunächst in der Radrennbahn *Vélodrome d'Hiver* festgehalten. Von hier aus wurden sehr viele Juden über Drancy in die Vernichtungslager des Ostens deportiert. An der Razzia war die französische Miliz maßgeblich beteiligt (Anm. d. Übers.).

Die Teilung Frankreichs in Zonen nach den beiden Waffenstillstandsabkommen vom 22. und 24. Juni 1940. Zwischen Norden und Süden die »Demarkationslinie«.

In der Großregion Südosten wird Lyon zum Hauptzentrum sowohl für die Résistance als auch für die Kollaboration, wie es der Prozess von Klaus Barbie (1987) und die Affäre Touvier (1992–1994)[17] noch einmal deutlich gezeigt haben. Zunächst die Résistance: Lyon spielt eine zentrale Rolle bei der Bildung, organisatorischen Strukturierung und Ausbreitung der drei wichtigsten Widerstandsbewegungen: *Francs-Tireurs*, *Libération* und *Combat*. Alle drei Organisationen haben in der Drôme Netzwerke gebildet.

Lyon ist auch für die Kollaborateure und ihre Anhänger von zentraler Bedeutung. Im November 1942 stellen sie sich in den Dienst der Besatzer. Die Miliz, die in der Dauphiné besonders stark verankert ist, beteiligt sich an Razzien, Festnahmen, Folter und Geiseltötungen. Das Museum CHRD (*Centre d'Histoire de la Résistance et de la Déportation*)[18] dokumentiert dieses furchtbare und folgenreiche Zusammenspiel der Deutschen und der Franzosen. Opfer dieser Kollaboration werden Jean Moulin, das Ehepaar Aubrac, die Kinder von Izieu, Zehntausende von Männern, Frauen und Kindern in der Region, der Maquis, vor allem dessen Hochburgen im Vercors (Drôme-Isère) und auf dem Plateau von Glières (Haute-Savoie).

Außer für den organisierten und bewaffneten Widerstand werden Lyon und die hier aktiven Netzwerke auch sehr wichtig für die Entwicklung eines geistigen und zivilen Widerstands in der Region,

---

17 Affäre Touvier: Paul Touvier, Nazikollaborateur, 1944 Chef der Miliz in Lyon, war nach dem Krieg in Abwesenheit zum Tode verurteilt, aber 1971 in aller Stille von Pompidou begnadigt worden. Daraufhin reichten die Angehörigen der Opfer erneut Klage ein. Touvier wurde 1989 festgenommen und nach einem Aufsehen erregenden Prozess 1994 zu einer lebenslänglichen Gefängnisstrafe verurteilt. Er starb 1996 im Gefängnis. Touvier war der erste französische Staatsbürger, der wegen Verbrechen gegen die Menschlichkeit verurteilt wurde (Anm. d. Übers.).

18 CHRD (*Centre d'Histoire de la Résistance et de la Déportation*) in Lyon. Deutsch: Zentrum für die Geschichte der Résistance und der Deportation (Anm. d. Übers.).

der aus religiösen, philosophischen und politischen Überzeugungen heraus entsteht. Als Reaktion auf den Antisemitismus und aus dem Bestreben heraus, Juden zu retten, zunächst ausländische, dann jedoch alle Juden, entsteht eine beachtliche Anzahl von Institutionen und Initiativen. Die Gruppe *Amitié chrétienne* (christliche Freundschaft) formuliert 1941 ihren »klaren und deutlichen Protest, der auf festen Grundsätzen beruht«, und verkündet, »sich konkret am Widerstand zu beteiligen, den Opfern der nazistischen Barbarei zu helfen und das Ende der Vichy-Regierung herbeizuführen.«[19] Hier organisieren sich Männer wie Abbé Glasberg und Pastor Roland de Pury. Bei der Aufnahme und Rettung von Juden arbeitet die *Amitié chrétienne* mit der CIMADE, dem Netzwerk von Georges Garel und vor allem mit der OSE[20] zusammen, die von Garel geleitet wird.

Während der großen Razzien im Sommer 1942 intervenieren sie gemeinsam bei Marschall Pétain (vergeblich), Kardinal Gerlier und Pastor Marc Boegner. Sie erreichen den Zutritt zum Sammel- und Gefangenenlager Vénissieux. In den Tagen vom 26. bis 29. August 1942 schaffen es die Vertreter der *Amitié chrétienne*, der CIMADE und der OSE mit Unterstützung von Gerlier und Boegner, 89 Kinder unter 16 Jahren zu befreien; darunter fünf Kinder aus Dieulefit.[21]

---

19 F. Delpech: *Églises et chrétiens dans la IIe Guerre mondiale – la Région Rhône-Alpes*, S. 163.

20 Die OSE (*Organisation de Secours aux Enfants*), eine jüdische Hilfsorganisation, gegründet 1933 in Paris, war während des Zweiten Weltkriegs eine der wichtigsten Organisationen zur Rettung jüdischer Kinder. In Lyon wurde sie geleitet von Georges Garel (Garfinkel mit richtigem Namen), dem Arzt Joseph Weill und dem Rechtsanwalt Charles Lederman. Die OSE wurde finanziell vom JOINT unterstützt. Das JOINT (*American Jewish Joint Distribution Committee*, auch JDC genannt), 1914 von einflussreichen amerikanischen Juden gegründet, wurde zur wichtigsten Hilfsorganisation für Juden außerhalb der Vereinigten Staaten.

21 Isaac Fabrikant und seine Schwester Jeanne, Helmut Meyer, Werner Matzdorff, Heinz Schwarz.

Das Lager Vénissieux im Jahr 1942. Ehemaliges Kriegsgefangenenlager (während des Ersten Weltkriegs für deutsche oder österreichische Kriegsgefangene), während des Zweiten Weltkriegs Internierungslager für »unerwünschte Personen« (vor allem für ausländische Juden) und zu Kriegsbeginn für aus Indochina nach Frankreich deportierte Zwangsarbeiter. Diese Männer aus Indochina, vor allem Vietnamesen, sollten die französischen Männer ersetzen, die eingezogen worden waren, um gegen Deutschland zu kämpfen. Nach der militärischen Niederlage weigerte sich das Vichy-Regime, diese Männer freizulassen, und hielt sie weiterhin gefangen, damit sie jederzeit zur Zwangsarbeit eingesetzt werden konnten. Lili Tager, Garels Ehefrau, die die jüdischen Kinder im August 1942 besuchte, erinnert sich an diese Männer aus Indochina, die zusammengepfercht und verängstigt unter schrecklichen Bedingungen leben mussten, von aller Welt vergessen. (Zeitzeugenbericht vom 29. März 2012 in Paris). [Sammlung CDJC Paris.]

Bei der Rettung jüdischer Kinder arbeitet die OSE mit der *Amitié chrétienne*, Abbé Glasberg und der CIMADE zusammen, um die Kinder in dem Netzwerk der christlichen Häuser im Südosten oder in anderen sicheren Einrichtungen unterzubringen.

Die »Fünf von Dieulefit«, im August 1942 dank der Rettungsaktion im Internierungslager Vénissieux (Vorort von Lyon) vor der Deportation gerettet

Ab Sommer 1941 werden drei Jugendliche (15–16 Jahre alt) in die Schule von Beauvallon aufgenommen: Werner Matzdorff, Heinz Schwarz und Helmut Meyer. Als deutsche Juden sind sie durch die Nürnberger Gesetze zu *apatrides*, zu Staatenlosen geworden.

Im Sommer 1942 werden Heinz, Helmut und Werner von der Schule von Beauvallon zum Arbeiten auf einen Bauernhof im Norden der Drôme geschickt. Dort werden sie im Zuge der großen Razzien (wie die Razzia in Paris vom 16. Juli 1942), die von der Regierung Pierre Laval in Vichy

Werner Matzdorff (1926) und seine Schwester Ursula (1924). Die beiden Kinder werden im März 1939 im Rahmen der »Kindertransporte« aus Deutschland evakuiert. Sie kommen nach Frankreich, werden ins Schloss La Guette (der Familie Rothschild) aufgenommen und im Juni 1940 nach La Bourboule geschickt. Ein Jahr später fliegt die Gemeinschaft der Kinder in La Bourboule auf. Als Vorsichtsmaßnahme werden die Kinder verteilt und in mehreren Familien und verschiedenen Aufnahmezentren untergebracht. Werner kommt so im Juli 1941 (ohne seine Schwester) in die Schule von Beauvallon. [Sammlung M. Matzdorff.]

Heinz Schwarz, Freund von W. Matzdorff, der ebenfalls in La Bourboule war, kommt 1941 zur gleichen Zeit wie er in Beauvallon an. [Foto 1935, Sammlung CDJC.]

Helmut Meyer (rechts auf dem Foto, in Stiefeln) organisiert das Aufstellen der »Großen« der Schule von Beauvallon in einer Reihe. Helmut Meyer, 1926 in Frankfurt geboren, kommt über den gleichen Weg nach Beauvallon wie Werner Matzdorff. Sie kommen dort zusammen im Sommer 1941 an. Die Kinder von Beauvallon geben ihm den Spitznamen Pépé (Opa). Er ist sich der Gefahr für die Juden vollkommen bewusst und spielt eine wichtige Rolle bei der Betreuung der »Kleinen«. [Fotoabzug März 1943. Sammlung Amis de Beauvallon.]

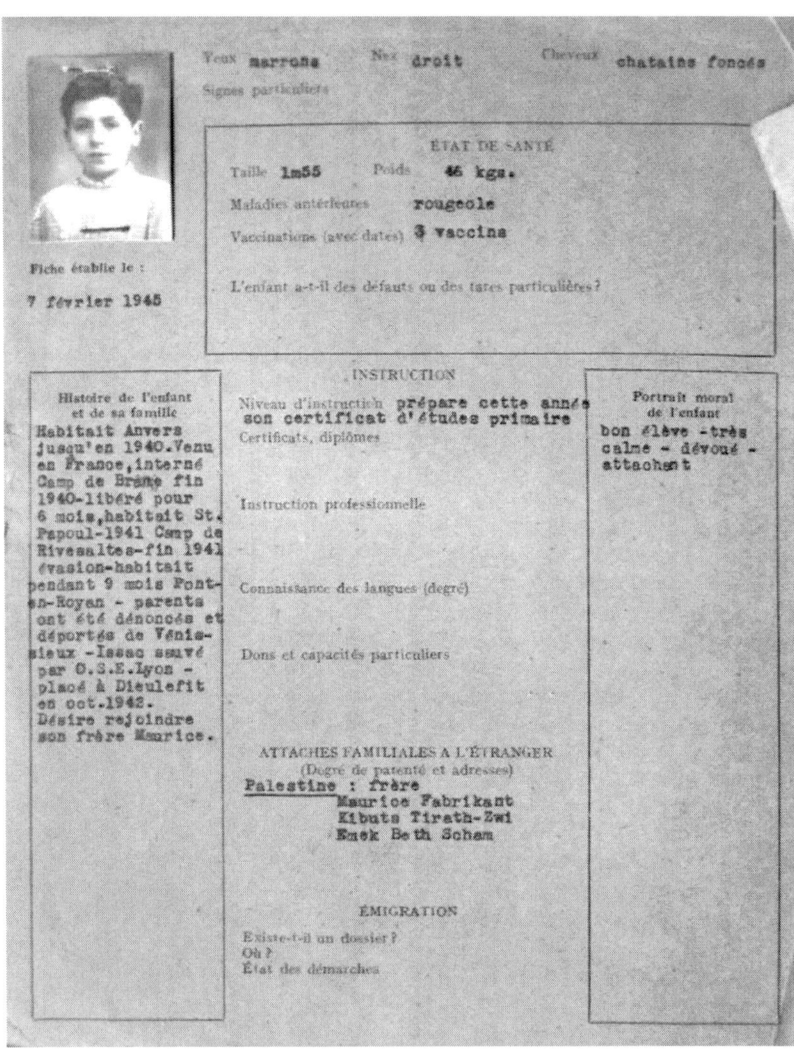

Yeux **marrons** Nez **droit** Cheveux **chatains foncés**

Signes particuliers

Fiche établie le : 7 février 1945

ÉTAT DE SANTÉ

Taille **1m55** Poids **46 kgs.**

Maladies antérieures **rougeole**

Vaccinations (avec dates) **3 vaccins**

L'enfant a-t-il des défauts ou des tares particulières ?

Histoire de l'enfant et de sa famille

Habitait Anvers jusqu'en 1940. Venu en France, interné Camp de Brame fin 1940-libéré pour 6 mois, habitait St. Papoul-1941 Camp de Rivesaltes-fin 1941 évasion-habitait pendant 9 mois Pont-en-Royan - parents ont été dénoncés et déportés de Vénissieux - Isaac sauvé par O.S.E. Lyon - placé à Dieulefit en oct. 1942. Désire rejoindre son frère Maurice.

INSTRUCTION

Niveau d'instruction **prépare cette année son certificat d'études primaire**

Certificats, diplômes

Instruction professionnelle

Connaissance des langues (degré)

Dons et capacités particuliers

Portrait moral de l'enfant

bon élève - très calme - dévoué - attachant

ATTACHES FAMILIALES A L'ÉTRANGER
(Degré de parenté et adresses)

Palestine : frère
Maurice Fabrikant
Kibuts Tirath-Zwi
Emek Beth Scham

ÉMIGRATION

Existe-t-il un dossier ?
Où ?
État des démarches

Isaac (1931, links) und Jeanne (1925, rechts) Fabrikant haben die belgische Nationalität. Ihre Eltern sind polnische Juden, die nach Antwerpen emigriert sind. Wie viele andere Juden aus Belgien flieht die Familie Fabrikant vor der Ankunft der Deutschen nach Frankreich Richtung Süden. Nach verschiedenen Aufenthalten in Auffanglagern gerät die Familie in eine Razzia und wird im August 1942 im Lager Vénissieux (bei Lyon) interniert.

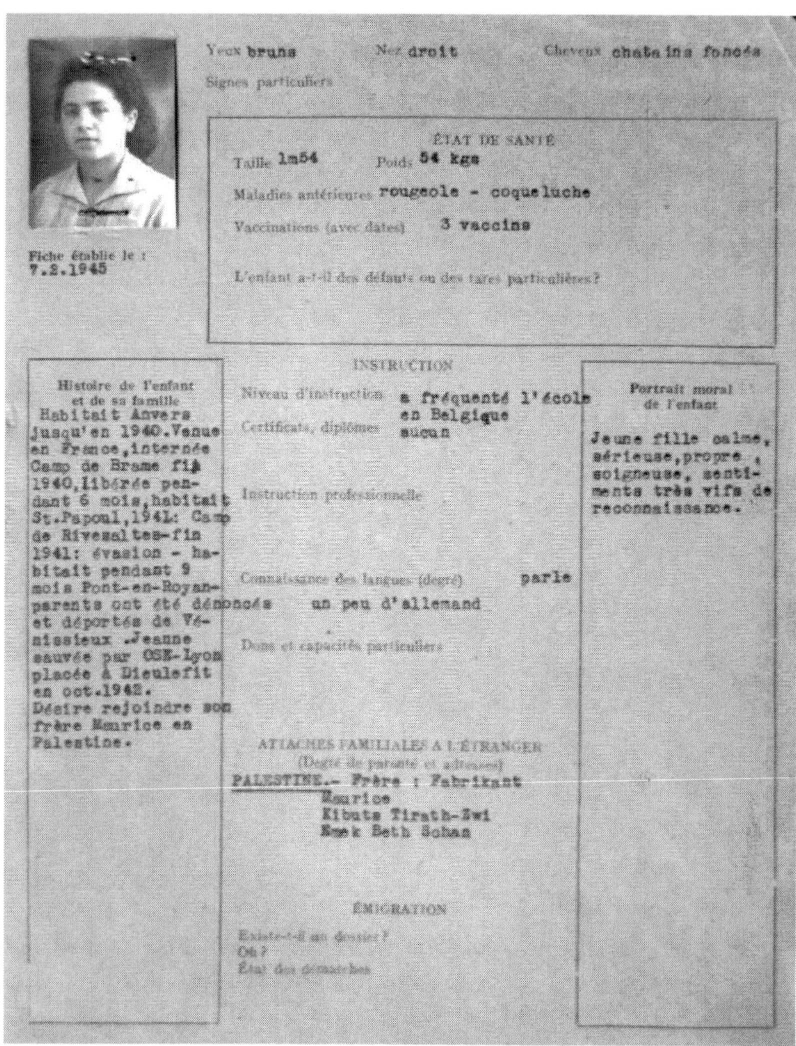

Yeux bruns Nez droit Cheveux chatains foncés
Signes particuliers

Fiche établie le : 7.2.1945

ÉTAT DE SANTÉ

Taille 1m54 Poids 54 kgs

Maladies antérieures rougeole - coqueluche

Vaccinations (avec dates) 3 vaccins

L'enfant a-t-il des défauts ou des tares particulières?

Histoire de l'enfant et de sa famille

Habitait Anvers jusqu'en 1940. Venue en France, internée Camp de Brame fin 1940, libérée pendant 6 mois, habitait St.Papoul, 1941: Camp de Rivesaltes-fin 1941: évasion - habitait pendant 9 mois Pont-en-Royan-parents ont été dénoncés et déportés de Vénissieux. Jeanne sauvée par OSE-Lyon placée à Dieulefit en oct.1942. Désire rejoindre son frère Maurice en Palestine.

INSTRUCTION

Niveau d'instruction a fréquenté l'école en Belgique

Certificats, diplômes aucun

Instruction professionnelle

Connaissance des langues (degré) parle un peu d'allemand

Dons et capacités particuliers

ATTACHES FAMILIALES A L'ÉTRANGER
(Degré de parenté et adresses)

PALESTINE.- Frère : Fabrikant Maurice
Kibutz Tirath-Zwi
Emek Beth Schan

ÉMIGRATION

Existe-t-il un dossier?
Où?
État des démarches

Portrait moral de l'enfant

Jeune fille calme, sérieuse, propre, soigneuse, sentiments très vifs de reconnaissance.

In der schrecklichen Nacht vom 28. August kündigt Abbé Glasberg den Kindern an, dass sie sich von ihren Eltern verabschieden müssen. Isaac und Jeanne kommen in die Obhut der OSE und werden von ihr gerettet. Die Eltern Fabrikant werden ins Vernichtungslager deportiert. [Sammlung OSE Paris.]

angeordnet worden sind, um den Deutschen ein erstes Kontingent ausländischer Juden auszuliefern, festgenommen. Die Kinder können aus dem Lager Vénissieux befreit werden. Die Eltern, zum Beispiel die von Isaac und Jeanne Fabrikant, haben dieses Glück nicht.

Lyon ist nicht die einzige Stadt, die die Zivilgesellschaft im Südosten Frankreichs mit geistigen Waffen versorgt. Hier spielt auch die Stadt Genf in der französischen Schweiz, mit der es langjährige enge und regelmäßige Verbindungen gibt, eine wichtige Rolle. Diese Verbindungen sind durch die in der Region noch sehr lebendige Geschichte des Protestantismus weiterhin stark. Traditionell werden viele protestantische Pastoren in Genf oder Neuchâtel ausgebildet. Der Ideenaustausch nimmt während des Krieges nicht ab, eher im Gegenteil. Über die Gebirgsregion Le Trièves in der Dauphiné kommen die Briefe und Schriften von Karl Barth oder Dietrich Bonhoeffer in die Drôme, werden über den protestantischen Pastor Charles Westphal weitergeleitet nach Grenoble und Valence (Sitz der CIMADE unter der Leitung von Madeleine Barot), nach Livron, nach Die, Nyons, Bourdeaux und Dieulefit; sie erreichen danach auch die Regionen jenseits der Rhône, Zentralfrankreich und den Südwesten. Auch die französischsprachigen Schweizer kommen den französischen Schriftstellern im Widerstand zu Hilfe, indem sie ihre Schriften in den *Cahiers du Rhône* veröffentlichen, oder durch Unterstützung durch den Verlag *Éditions La Baconnière* in Neuchâtel.

Es muss noch einmal betont werden, dass die Solidaritäts- und Rettungsaktionen nicht nur Juden halfen. Dass die Rettung von Juden im Rahmen des unbewaffneten zivilen Widerstands aber so bedeutend wurde, hat mit der Tatsache zu tun, dass die Zivilgesellschaft gegen die drohende Gefahr und die verbrecherische Politik des État français von Vichy und angesichts der Laschheit der politischen oder religiösen Institutionen deutlich Position bezog. Hinzu kommt, dass es der bewaffnete Widerstand nicht als seine primäre Verantwortung ansah, Juden zu retten, wie die Historikerin Renée Poznanski gezeigt hat.[22] Diese konnten sich der Résistance anschließen, wie es in Dieulefit geschah, oder kämpfenden jüdischen Organisationen, wie das im Südwesten der Fall war.

Der zivile Widerstand im Landkreis Dieulefit

Alle Berichte stimmen in diesem einen Punkt überein: Der Landkreis Dieulefit nahm im Zeitraum zwischen dem Spanischen Bürgerkrieg und der Kapitulation Deutschlands 1945 eine große Zahl von Geflüchteten auf. Nicht ein Einziger wurde festgenommen, gefoltert oder deportiert. All diejenigen, die in den Kanton Dieulefit geflüchtet waren und sich bis 1944 oder 1945 dort aufhielten, sind unbehelligt geblieben, von natürlichen Todesfällen oder Unfällen abgesehen. Wie ist es zu erklären, dass dieser kleine Landkreis es geschafft hat, sowohl die Retter als auch die Geretteten zu schützen? Einen ersten Erklärungsansatz findet man in den deutschen Militärarchiven: Der Landkreis wurde von den Besatzungsmächten nie als strategisch wichtig eingestuft, obwohl er in einem »der am stärksten von Terroristen verseuchten Departements«[23] lag. Dass es im Landkreis Dieulefit keine Intervention der Deutschen gab, hängt mit zwei militärischen Umständen zusammen: Zum einen war für die Deutschen der militärische Schutz des Rhônetals als Hauptverkehrsachse vorrangig, zum anderen war der Landkreis Dieulefit, obwohl sich hier ein Netz der Résistance befand (sowohl der FTP als auch der AS),

22 Renée Poznanski: *Propagandes et persécutions. La Résistance et le «problème juif»*. Fayard 2008. Ebenso: *Les Juifs en France pendant la Seconde Guerre mondiale*. Hachette 2005 (collection «Pluriel»).

23 Zit. nach Archiv der Kommandantur von Valence, Verbindungsstab 998, Militärarchiv, Bundesarchiv, Freiburg im Breisgau.

nie Schauplatz eines Sabotageakts oder Attentats gegen die Besatzer. Dadurch blieb der Landkreis von Vergeltungsmaßnahmen verschont, wie es sie in zahlreichen anderen Orten der Region gegeben hat.[24] Schwere militärische Zusammenstöße gab es erst im Laufe des Augusts 1944 auf dem Rückmarsch der Wehrmacht während des Vordringens der amerikanischen Armee.

Wer sind die Geflüchteten, die nach Dieulefit kommen und hier bleiben oder sich hier vorübergehend aufhalten auf dem Weg zu anderen Zielorten? Die ersten sind die Armenier, die nach einer Zwischenstation in Marseille dem Rhônetal aufwärts folgen. Die nächsten sind die Spanier, die während des Spanischen Bürgerkriegs, vor allem nach dem Fall Madrids und Barcelonas, hierher flüchten. Die Gemeindeverwaltung Dieulefit, die von den Volksfrontparteien gestellt wird, unterstützt deren Aufnahme. Auch Privatpersonen sind beteiligt: Das Beispiel des Pastors Abel und seiner Frau wird erwähnt, die in ihrem Haus Clefs-des-Monts mehrere Kinder der Familie Exbrayat aufnehmen und sie adoptieren. Nach dem Münchner Abkommen kommen Flüchtlinge, die nach dem Anschluss Österreichs und noch stärker nach der Pogromnacht (sogenannte »Reichskristallnacht«) bedroht sind. Hinzu kommen aus wirtschaftlichen Gründen Geflüchtete, vor allem Italiener, die zum Teil ebenfalls vor dem Faschismus über die Grenze flüchten. Sie alle bilden 1939 die erste Bevölkerungsgruppe ausländischer Herkunft in Dieulefit.

Unmittelbar nach der Kriegserklärung Frankreichs und Großbritanniens an Deutschland am 3. September 1939 als Reaktion auf die Invasion der Hitlertruppen in Polen entscheidet die französische Regierung, Straßburg zu evakuieren. Damit beginnt die erste große Massenflucht der Franzosen Richtung Süden. Zehntausende

---

24 So die Darstellung im Bericht der lokalen Behörden, der 1966 im Rahmen der großen Untersuchung des *Comité d'Histoire de la Deuxième Guerre mondiale* veröffentlicht wurde. Der Bericht ist archiviert in den Archives départementales de la Drôme, 16J33.

Elsässer (und zu einem geringeren Anteil auch Lothringer) fliehen unter besonders bedrückenden Bedingungen, ohne dass vorher organisiert worden ist, wo sie aufgenommen werden könnten. Einige Familien bleiben in Dieulefit und können ihre Kinder in der öffentlichen Schule in Dieulefit, in der Schule von Beauvallon oder der weiterführenden Schule La Roseraie anmelden.

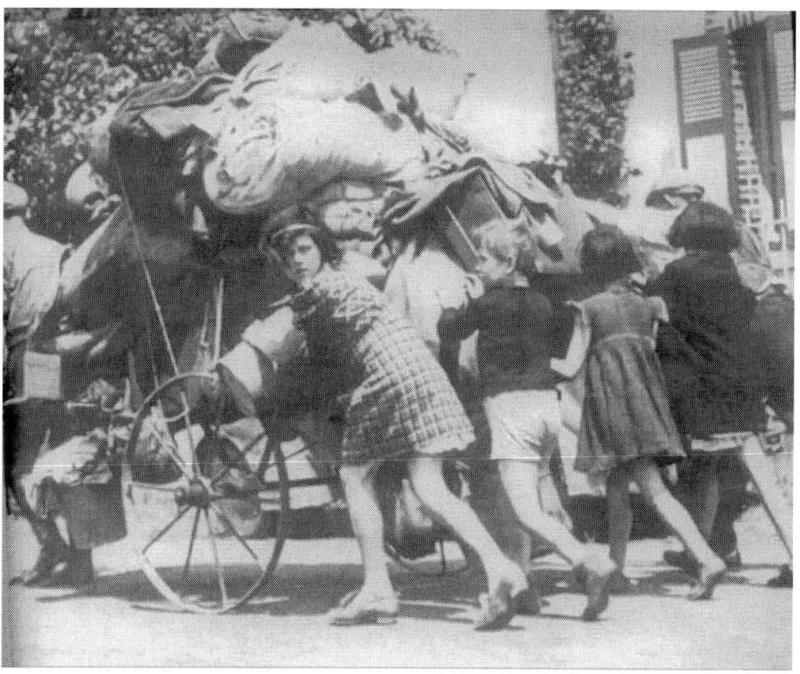

6. September 1939, Einwohner verlassen Straßburg: Ein Bild des Zusammenbruchs und des Elends, wie es sich in Frankreich zehn Monate später wiederholen sollte. Das Foto vermittelt einen Eindruck von der fehlenden Vorbereitung und der Panik, obwohl es sich ja um eine offizielle Maßnahme der Regierung Daladier handelte. [Sammlung J.-P. Schoen.]

Poumy, junge Mutter, geflüchtet, Widerstandskämpferin und dem Landkreis Dieulefit sehr verbunden

Andrée Moreuil und ihre Familie sind unter den Ersten, die das Elsass verlassen müssen und in den Süden Frankreichs fliehen. Nachdem sie zunächst – wie weitere 600.000 Flüchtende im großen Strom der Massenflucht – vorübergehend in Limoges gestrandet sind, suchen die Moreuils (Eltern und zwei Kinder) einen sichereren Zufluchtsort. Andrées Ehemann war gefangen genommen worden, hatte aber fliehen können. Er geht nach Nordafrika, um sich dort der gaullistischen Résistance anzuschließen. Die junge Mutter (1911 in Straßburg geboren) bleibt für kurze Zeit in der Dordogne. Sie muss unbedingt einen sicheren Zufluchtsort finden: Die Moreuils, ihr ursprünglicher Name ist Moyse (später Mayse), sind elsässische Juden, und sie sind sich der Gefahr, in der sie sich als Juden befinden, sehr bewusst. Andrée Moreuils Vater wird in der Dordogne nach einer Denunziation verhaftet. Insgesamt werden sieben Mitglieder der Familie deportiert und ermordet.

Es gelingt Andrée, mit ihren Söhnen nach Dieulefit zu kommen. Sie werden von Marguerite Soubeyran aufgenommen und in der Pension Dourson untergebracht; die Kinder werden in die Schule von Beauvallon aufgenommen. Die Gefahr einer Verhaftung ist damit gebannt.

Andrée Moreuil spricht und schreibt Französisch, Deutsch und Englisch. Sie wird bald von der Résistance als Übersetzerin, Kurierin und Spionin eingesetzt. Sie hört und übersetzt Radio BBC. Sie führt Missionen in Albi (Tarn), Lyon und Valence für die FFI, das Agentennetz Buckmaster und die britische geheimdienstliche Spezialeinheit SOE aus. Während der Befreiung begleitet sie die Zweite Panzerdivision und will ihr nach Deutschland folgen, aber ihr Mann kommt zurück und will sie nicht gehen lassen, sie bleibt in Paris.

Poumy an ihrem Arbeitstisch im Zimmer der Pension Dourson, wo sie wohnte. Sie verbrachte viele Stunden damit, für Widerstandsgruppen und die englischen und amerikanischen Geheimdienste zu übersetzen. [Sammlung Moreuil.]

Andrée Moreuil, Poumy genannt, und ihre Familie. [Sammlung Moreuil.]

»Poumy«, wie sie in ihrer Umgebung genannt wird, wird also vom Flüchtling zur Widerstandskämpferin. Sie ist den Bauers (siehe Portrait S. 75) freundschaftlich verbunden. Nach dem Krieg übernimmt sie aus Dankbarkeit gegenüber der Schule von Beauvallon und Marguerite Soubeyran im Jahr 1946 für viele Jahre den Vorsitz des Vereins, der die Schule von Beauvallon verwaltet; sie übernimmt diese Funktion von Henri-Pierre Roché (dem Autor von *Jules und Jim*).

Das Debakel von 1940 bringt einen neuen Flüchtlingsstrom in den Landkreis Dieulefit und das gesamte Departement. Die Rathaussekretärin Jeanne Barnier schätzt die Zahl der Flüchtlinge, die im Sommer 1940 im Landkreis ankommen, auf etwa 1.500. Nicht alle bleiben. Aber viele fühlen sich hier sicher und bleiben, vor allem ausländische Juden, die nicht wissen, wohin sie sonst sollen, und eine Rückkehr in die besetzte Zone ausschließen; ebenso die Elsässer und Lothringer. Nach der Verabschiedung des ersten sogenannten Judenstatuts am 3. Oktober 1940 und nach dem Treffen Hitlers und Pétains in Montoire nimmt der Landkreis eine neue Welle von Flüchtlingen auf. Darunter sind französische Juden aus der besetzten Zone im Norden, ganze Familien oder auch Kinder ohne ihre Eltern sowie Gegner der Kollaboration und der rückgratlosen Politik des Vichy-Regimes. Unter ihnen sind Intellektuelle, Schriftsteller, Künstler, Journalisten; einige von ihnen sind sehr bekannt: Pierre Emmanuel, André Rousseaux, Pierre Jean Jouve, denen wiederum weitere Schutzsuchende folgen, wie Emmanuel Bove, Clara Malraux und Andrée Viollis.

1988, mehr als 40 Jahre später, sprechen die noch lebenden Zeitzeugen vor dem Mikrofon von Michel Schilovitz (selbst ehemaliger Flüchtling in Dieulefit) über ihre Dankbarkeit. Aber sie sprechen noch über ein anderes Gefühl: Das Glück, dass sie diese Jahre in dieser ländlichen Umgebung, inmitten der einheimischen Bevölkerung, verbringen konnten und hier im Laufe der Jahre die Hoffnung in die Menschen und die Gesellschaft wiederfanden. Sie hatten das Böse gesehen. Ihnen ist das Gute begegnet. Sie waren von Angst beherrscht. Sie wurden durch die Widerständigkeit eines ganzen Landkreises unterstützt. 1945 schreibt Emmanuel Mounier einen Beileidsbrief anlässlich des Todes von Madame Rivard, der Mutter des Paares, das die Pension von Beauvallon betrieb, und bittet Marguerite Soubeyran, diesen Brief den Dourson-Kindern zu geben. Er schildert, wie er Zuflucht in dieser Pension gefunden hat, berichtet von der mutigen Gastfreundschaft, die die Einheimischen den ganz unterschiedlichen Geflüchteten entgegenbrachten, und schließt den Brief mit einer Verneigung vor »diesen tausend Widerstandsbezeugungen, die einen Schutzwall der Zivilisation bildeten«. Die Zeitzeugenberichte stimmen in diesem Punkt überein: Der Landkreis beschränkte sich nicht darauf, Geflüchtete ohne Aufenthaltsrecht zu verstecken, er nahm Menschen auf; »jeder war der Nächste des anderen«, wie es in dem schönen Satz von Samuel Abramovitsch heißt. »Hier war niemand ein Fremder«, schreibt Pierre Emmanuel. Die Intellektuellen und Künstler unter den Geflüchteten, die häufig an erster Stelle genannt werden, schöpften durch diese Haltung der Herzlichkeit und Solidarität der Bewohner neuen Mut; sie mussten der Bevölkerung diese Haltung nicht erst nahebringen, das war gar nicht nötig.

Doch die meisten Flüchtlinge sind keine bekannten Intellektuellen oder gefragten Künstler. Ihre Aufnahme wurde mithilfe von vier Netzwerken organisiert:

- Netzwerk der schulischen Einrichtungen;
- Netzwerk der Einrichtungen des Gesundheitswesens;
- Netzwerk der lokalen Behörden oder öffentlichen Versorgungseinrichtungen;
- religiöse oder politische Netzwerke.

Das Netzwerk der schulischen Einrichtungen wird von der Schule von Beauvallon aus organisiert. Diese 1929 eröffnete Reformschule gehört seit den Jahren 1932/33 dem europäischen Netzwerk der Reformpädagogik an. Ihre Leiterinnen und Gründerinnen, Marguerite Soubeyran und Catherine Krafft, verdoppeln die Aufnahmekapazität ihrer Schule, um dort Erwachsene und Kinder aufnehmen zu können, darunter auch Juden (nach dem Zeitzeugenbericht von Bertrand Cahen ungefähr zehn jüdische Kinder; siehe Bericht S. 124).

Ab September 1939 wird das Netz der Schulen um die Sekundarschule La Roseraie erweitert. Auch diese Schule nimmt unter der Leitung von Pol Arcens und seiner Frau Madeleine eine große Zahl von Flüchtlingen auf, Erwachsene und Kinder, und bietet ihnen mehr als nur einen schulischen Bildungsgang: Die Aufnahme in eine Familie, die von einem gemeinsamen Geist des Widerstands und der humanistischen Werte geprägt ist (siehe Zeitzeugenbericht von Samuel Abramovitsch, S. 149).

Die Schule von Beauvallon bei Dieulefit, inmitten der Natur (Anfang 1938), im 1930 neu errichteten und 1935 erweiterten Gebäude; sie tritt als Landschulheim und Einrichtung der Reformpädagogik an und arbeitet nach dem reformpädagogischen Konzept, das in Europa von Genf aus durch das Institut Jean-Jacques Rousseau verbreitet wird. Während des Krieges verdoppelt die Schule ihre Aufnahmekapazität, um geflüchtete Kinder und Erwachsene aufzunehmen. Zum Zeitpunkt der Befreiung sind alle wohlbehalten. Viele schreiben bewegende Danksagungen in das Goldene Buch der Schule, als sie diese im September/Oktober 1944 verlassen. Diese Zeit hat die meisten stark geprägt, und sie bleiben der Schule und Dieulefit verbunden. [Sammlung Amis de Beauvallon.]

Die Schule La Roseraie in Dieulefit wird von Pol und Madeleine Arcens zu Beginn des neuen Schuljahres im September 1939 eröffnet. Das aus der Bretagne stammende Paar kommt 1935 zunächst in die Schule von Beauvallon, um dort zu unterrichten. 1937 beschließt das Ehepaar, diese neue Schule zu gründen, um die Schüler auf das Abitur vorzubereiten. In Beauvallon gab es keine Oberstufe. Der Beginn des ersten Schuljahres in der Schule La Roseraie (September 1939) fällt zeitlich mit der Kriegserklärung und der Ankunft der ersten Flüchtlinge (aus dem Elsass) zusammen. Die Schülerzahlen übersteigen bereits 1940 bei weitem alle Planungen, weil viele neue Flüchtlinge aufgenommen werden. Um das zu bewältigen, stellt das Ehepaar Arcens mehrere Lehrer ein, die selbst Flüchtlinge sind, darunter auch französische Juden, denen durch Gesetze des Vichy-Regimes das Unterrichten verboten worden ist. [Sammlung D. de Villeneuve.]

Die öffentliche Schule von Dieulefit ist die dritte schulische Einrichtung. Mehrere Zeitzeugen berichten übereinstimmend, dass die Lehrerinnen Madame Boisjeol und Madame Tomasine ihre Schüler aus Dieulefit jeweils darauf vorbereiteten, die Neuankömmlinge gut aufzunehmen und in das gemeinschaftliche Leben zu integrieren. In mehreren Gemeinden des Kantons Dieulefit spielt die öffentliche Schule bei der Aufnahme und Integration der geflüchteten Kinder eine wesentliche Rolle. Isaac Fabrikant, der in der Familie Henri Morin wohnte, erinnert sich noch an seinen Lehrer, Monsieur Brachet, der ihm beibrachte, Französisch zu lesen und zu schreiben. Er schaffte sogar seinen Schulabschluss, bevor er Dieulefit verließ. Als er im August 2011 nach Dieulefit zurückkam, sei das für ihn wie eine Pilgerfahrt gewesen; er sagte bewegt, er fühle sich dem Lehrer und der Schule zu großem Dank verpflichtet. Und obwohl er gleich nach der Befreiung Frankreich verlassen hatte und nach Israel gegangen war, spricht er mit 80 Jahren immer noch sehr gut Französisch… (Siehe Foto der Schule in Dieulefit, die mehrere Flüchtlingskinder besuchten, so auch der kleine Isaac.)

Die Integration der geflüchteten Kinder in das normale Alltagsleben erfolgte auch durch die Jugendorganisationen, in Dieulefit vor allem durch die Pfadfinder. Zwei Pfadfinderorganisationen nahmen die Kinder auf: Die Pfadfindergruppe der *Éclaireurs de France*, ein laizistischer und anschauungsneutraler Pfadfinderverband, dessen von allen geschätzter Gruppenleiter in Dieulefit der Leiter der Schule La Roseraie, Pol Arcens, war, und die Gruppe der *Éclaireurs Unionistes de France*,[25] ein protestantischer Pfadfinderverband, Mitglied in der *Église Réformée de France* (ERF),[26] der Reformierten Kirche

25 Deutsch: CVJM-Pfadfinderinnen und Pfadfinder Frankreichs (Anm. d. Übers.).

26 Deutsch: Reformierte Kirche Frankreichs: 1938 gegründete Vereinigung der wichtigsten protestantischen Kirchen in Frankreich (Anm. d. Übers.).

Frankreichs. Théodore Morin war der sehr engagierte Leiter dieser Gruppe in Dieulefit.

Beide Pfadfinderorganisationen, die jeweils kurz vor dem Ersten Weltkrieg gegründet worden waren, hatten auch Mädchengruppen, die Pfadfinderinnen. Beide Verbände hatten spezielle Gruppen für sehr junge Mitglieder gegründet, für Mädchen und Jungen, die *Louvettes* (kleine Wölfinnen), die *Abeilles* (Bienen) und die *Petites Ailes* (kleine Flügel). Es gab im Landkreis Dieulefit keine jüdischen Pfadfindergruppen (wie zum Beispiel die *Éclaireurs Israélites de France* oder EIF,[27] die hingegen im Südwesten Frankreichs sehr aktiv waren). Aber die jüdischen Kinder und Jugendlichen im Landkreis Dieulefit konnten den örtlichen nichtjüdischen Pfadfindergruppen beitreten und an deren Aktivitäten teilnehmen, auch an den Sommercamps in der Natur. Einige schlossen Freundschaften mit den einheimischen Kindern und haben daran bleibende Erinnerungen.

Auch das Netz der Einrichtungen im Gesundheitswesen handelt auf sehr diskrete und zugleich wirksame Weise. Die bereits vor dem Krieg entstandene Infrastruktur für den Tourismus und den Heil- und Luftkurbetrieb kann einen Großteil der Neuankömmlinge aufnehmen. In den Pensionen und Erholungsheimen, den kleinen Hotels garnis und den von Privatpersonen vermieteten Fremdenzimmern mischen sich die Fremden und »Neuen« problemlos unter die Stammgäste.

Die Gemeindeverwaltung, obwohl sie 1941 von der Vichy-Regierung eingesetzt worden ist, kümmert sich um die Gesundheitsvorsorge der geflüchteten Kinder und lässt sie in aller Diskretion impfen. So wird auch der kleine Isaac Fabrikant trotz seines illegalen Status (er ist staatenlos geworden, und ihm droht daher die Deportation)

27 Deutsch: Jüdischer Pfadfinderbund Frankreichs (Anm. d. Übers.).

Ausflug der Pfadfinderinnengruppe *Petites Ailes* in die Berge bei Dieulefit am 15. April 1945. Das zweite Mädchen von links in der hinteren Reihe ist Vera Hess, deutsche Jüdin, geboren am 1. Juni 1936. Das Mädchen daneben, dritte von links in der hinteren Reihe, ist ebenfalls deutsche Jüdin, Lili Neufeld, geboren am 19. Juli 1931. Lili, die später über Paris nach London emigrieren konnte, schickte ihrer Gruppenleiterin der Gruppe *Abeilles* Briefe, in denen sie ihre große Dankbarkeit ausdrückte. [Sammlung Chapus.]

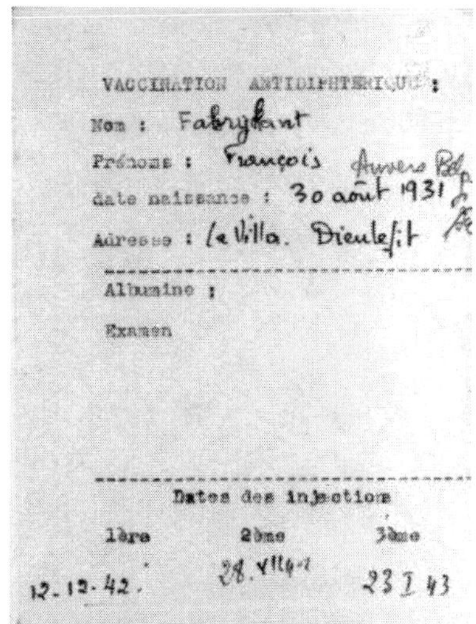

VACCINATION ANTIDIPHTERIQUE :

Nom : Fabrykant

Prénoms : François Anvers Belg.

date naissance : 30 août 1931

Adresse : La Villa. Dieulefit

Albumine :

Examen

Dates des injections

1ère	2ème	3ème
12-12-42.	28.VIII41	23 I 43

Impfausweis von Isaac Fabrikant, 1942–1943. Sein Vorname ist in »François« geändert. Seine Geburtsstadt, Antwerpen, ist mit Bleistift notiert, um sie bei einer Kontrolle der Vichy-Miliz oder der Gestapo leicht ausradieren zu können.

1943 geimpft wie alle anderen seiner Schulkameraden, ebenso weitere Dutzende von Geflüchteten.

Das medizinische Personal macht mit. Im Jahr 1944 behandeln die Ärzte des Landkreises (Préault und Deransart) verwundete Widerstandskämpfer und insbesondere die Kämpfer des Vercors.

Viele dieser widerständigen Handlungen gegen die ungerechten Gesetze des Vichy-Regimes oder die Anordnungen der Besatzer wären gescheitert, wenn es nicht die in öffentlichen Einrichtungen und lokalen Behörden tätigen Menschen gegeben hätte, die ihre Befugnisse und Entscheidungskompetenzen dort nutzten, um zu helfen. Die Sekretärin der Gemeindeverwaltung Jeannette Barnier, die enge Kontakte zur Schule von Beauvallon hat, stellt Hunderte von Lebensmittelkarten, Bezugsscheinen für Textilien und falschen Papieren auf offiziellem Papier und mit offiziellen Stempeln aus, und zwar unter den Augen des Bürgermeisters, der das sehr wohl bemerkt, aber schweigt und nicht interveniert. Der Unterpräfekt von Nyons deckt diese Aktivitäten. Die Gendarmerie mit Gendarm Cesmat an der Spitze, der nach außen hin alle Loyalität dem Vichy-Regime gegenüber demonstriert, schützt die gefährdeten und bedrohten Menschen mit vollem Wissen, dass deren Identität gefälscht ist oder dass sie keine Aufenthaltsberechtigung vorweisen können (siehe Zeitzeugenberichte von Hanna Klopstock und Jeanne Barnier, S. 156 und S. 164). Die lokalen Behörden wissen um die illegalen Aktivitäten Jeanne Barniers und der Gendarmerie. Das hätte sie ins Verderben stürzen können, wenn sie ihrerseits nicht geschützt worden wären. Der Bürgermeister von Dieulefit, Pierre Pizot, war im März 1941 vom Vichy-Regime eingesetzt worden. Es wäre seine Pflicht gewesen, zu kontrollieren, dass die Ausgabe von Ausweisen den rechtlichen Anordnungen entspricht, ebenso die Ausgabe von Lebensmittelmarken und Bezugsscheinen für Schuhe, Kleidung und Kohle, um den Handel mit diesen Produkten zu kontrollieren. Er weiß, dass seine Sekretärin Jeanne Barnier viele

Flüchtlinge schützt, indem sie ihnen falsche Papiere und falsche Lebensmittelmarken ausstellt und damit riskiert, verhaftet zu werden und ins Gefängnis zu kommen. Als der Bürgermeister erfährt, dass die Gestapo sie sucht, um sie zu verhaften, sagt er ihr, sie solle in die Stadt Die fahren und sich dort einige Tage verstecken, und er gibt ihr einen großen Geldbetrag mit, den er von einem Kassenführer der Résistance bekommen hat. Als die Gefahr vorbei ist, kehrt Jeanne Barnier wieder an ihren Arbeitsplatz zurück und setzt ihre Rettungsaktivitäten fort.

Jeanne Barnier – oder wie eine gewissenhafte und pflichtgetreue sehr junge Frau zur Fälscherin und Widerstandskämpferin wird

Jeanne, 1918 geboren und aus einer »gemischten« (katholisch-protestantischen) Familie stammend, wird protestantisch erzogen und besucht die öffentliche Schule. Ihre Mutter ist Lehrerin und Direktorin der Volksschule in Dieulefit, in der Jeanne ihre gesamte schulische Ausbildung absolviert. Am 1. April 1939 wird sie als Gemeindesekretärin im Rathaus von Dieulefit unter dem damaligen Bürgermeister Justin Jouve angestellt. Sie bleibt hier Sekretärin, auch während der Amtszeit von Pierre Pizot, der im März 1941 vom Präfekten der Drôme als Bürgermeister eingesetzt wird. Pierre Pizot schätzt sie so, dass er für ihre Beförderung am 2. Februar 1943 sorgt (für ihre »geleisteten Dienste, ihren aktiven, klugen und aufopferungsvollen Arbeitseinsatz, ihr Ansehen und ihre Kompetenzen«), und er stellt zusätzlich ihre Verwandte Julienne Barnier ein, die sie bei der Arbeit unterstützen soll (September 1941).

Als Marguerite Soubeyran sie bittet, Flüchtlingen ohne Aufenthaltsgenehmigung zu helfen, fängt sie bereits zu Beginn des Jahres 1941 an, in großem Umfang Lebensmittelkarten, Bezugsscheine für Textilien und

Schuhe sowie französische Ausweispapiere auszustellen, vor allem für Schüler in Beauvallon, damit diese, ohne sich zu gefährden, die Schule verlassen können, um ihre Abschlussprüfung zu absolvieren, oder damit Schüler der Schule La Roseraie nach Valence fahren können, um dort ihr Abitur abzulegen. Sie nimmt also beträchtliche Risiken auf sich. Die Gestapo erscheint einmal im Rathaus, um eine Schriftprobe zu vergleichen. Zum Glück nimmt sie in der Eile eine Schriftprobe von Julienne Barnier, ihrer Verwandten (Jeanne ist gerade nicht da), und... geht, ohne dass das Konsequenzen hat. Unter größter Geheimhaltung hält sie die Verbindung zur Schwester von Madeleine Dreyfus und damit zur OSE in Lyon; das gibt ihr die Möglichkeit, sich persönlich an der Rettung jüdischer Kinder zu beteiligen. Zwei Jahre lang nimmt sie bei sich eine junge Jüdin auf, Cecilia Rosenbaum, die unmittelbar nachdem sie Dieulefit verlassen hat, um zu ihrer Familie zurückzukehren, deportiert wird.

Jeanne hat einige Notizen und Materialien für ein Buch über Dieulefit hinterlassen, das sie aber nie geschrieben hat. In ihren Notizen schreibt sie, wie entsetzt und entrüstet sie war über die Verfolgung der Juden seit Sommer 1941 (siehe dazu auch den Erlass des Bürgermeisters über die Erfassung aller Juden).

Von der entrüsteten Frau wird sie zur Widerstandskämpferin. Den Weg in die Illegalität geht sie bewusst. Jeanne Barnier, zunächst im Konflikt zwischen zwei Welten, zwei Pflichtauffassungen, wird die emblematische Figur der Rathaussekretärinnen. Bei den Solidaritäts- und Rettungsaktionen spielt sie eine herausragende Rolle.

Jeanne Barnier mit ca. 18 Jahren. [Sammlung Catherine Descombes.]

Pierre Pizot, Oberst, Patriot, Soldat in beiden Weltkriegen, Bürgermeister in Dieulefit von 1941–1944

Pierre Pizot, 1879 in Lavaure (Tarn) geboren, Soldat in beiden Weltkriegen. Er stammt aus einer protestantischen Familie und strebt die militärische Ausbildung in der Offiziersschule Saint-Cyr, einer militärischen Elitehochschule, an.

Seine Eltern, die den Radikalsozialisten nahestehen, verhindern das. Er schafft es dennoch, Offizier im Dienst zu werden. Nachdem er den aktiven Dienst beendet hat, gehört er in Dieulefit zu den angesehenen protestantischen Notabeln und wird Gemeinderatsmitglied. 1938 führt er die Opposition gegen den SFIO-Bürgermeister[28] an, der der Volksfront nahesteht. Ende des Jahres 1938 veranlasst er im Gemeinderat eine Abstimmung über eine Glückwunschbotschaft an Daladier, die mit einer Stimme Mehrheit verabschiedet wird. 1940 meldet er sich aus Patriotismus als Freiwilliger zur Armee. Er wird bei der militärischen Niederlage gefangengenommen und nach Deutschland (Schlesien) gebracht.

Im Dezember 1940 kommt er wegen seines Alters frei. Nachdem der Präfekt der Drôme ihn zum Nachfolger des scheidenden Bürgermeister Justin Jouve ernannt hat, gegen den er 1938 kandidiert hatte, tritt er am 15. März 1941 sein Amt als Bürgermeister an. In seiner Antrittsrede bekräftigt er seinen Willen, das Leiden seiner Mitbürger zu lindern, und verspricht zugleich, sich für den Wiederaufbau des Landes unter der Führung von Marschall Pétain einzusetzen. Er verehrt den »Sieger von Verdun« und bemüht sich, seine Mitbürger für die sogenannte »Nationale Revolution« zu gewinnen. Ab Juli 1941 unterstützt er Jeanne Barnier, die »Virtuosin im Fälschen von Papieren«, sehr effektiv zugunsten der Flüchtlinge und der Résistance. Am 21. August 1944 übergibt er unter

28 SFIO: *Section française de l'Internationale ouvrière*. Deutsch: Französische Sektion der Arbeiter-Internationale. Seit 1905. Vorläuferin der heutigen Parti Socialiste (Anm. d. Übers.).

Oberst Pizot im Jahr 1939, in Uniform mit seinen militärischen Auszeichnungen, unter anderem der Légion d'honneur (Ehrenlegion). [private Sammlung.]

den Beifallsbekundungen der Menschenmenge die Amtsgeschäfte an seinen Vorgänger Justin Jouve, der das Befreiungskomitee geleitet hat. Jeanne Barnier hat später eine öffentliche Würdigung des »Bürgermeisters von Vichy« ausgesprochen. Ein Archivfund der CIMADE (BDIC Nanterre[29]) erbringt den Nachweis, dass er eine jüdische Geflüchtete in seinem eigenen Haus versteckt hatte.

Der Verantwortliche aus Le Chambon-sur-Lignon[30] für die Fluchtpassage, über die die besonders gefährdeten Jugendlichen in die Schweiz gebracht wurden, beschreibt die Haltung von Oberst Pizot so: »Ich fuhr noch einmal nach Dieulefit, um mögliche Verstecke für unsere Studierenden zu erkunden, die auf eine Gelegenheit warteten, über die Grenze in die Schweiz zu flüchten. Ich hatte eine polnische Jüdin als Haushaltshilfe beim Bürgermeister untergebracht.

Ich hatte wirklich keinerlei Bedenken: Der damalige Bürgermeister war ja von Vichy ernannt worden. Aber ich kannte seine Familie: Hugenottisch, also widerständig, dachte ich. Ich irrte mich nicht. Als ich ankam, erfuhr ich, dass die Gemeindesekretärin Jeanne Barnier eine Virtuosin im Fälschen von Papieren war.« Pierre Pizot starb 1969.

---

29 BDIC: *Bibliothèque de Documentation Internationale Contemporaine*: Bibliothek des Internationalen Zentrums für zeitgeschichtliche Dokumente der Universität Nanterre.

30 In Le Chambon-sur-Lignon und Umgebung (Departement Haute-Loire) fanden 1942–1944 viele Juden Zuflucht und wurden gerettet. Viele Bewohner halfen dabei. 1998 würdigte Yad Vashem Le Chambon-sur-Lignon mit einer besonderen Urkunde (Anm. d. Übers.).

Die Verordnung, die viele Gewissen in Dieulefit aufrüttelte

Verordnung des Bürgermeisters von Dieulefit, Oberst Pizot, vom 21. Juli 1941 zur Erfassung der Juden gemäß Gesetz der französischen Vichy-Regierung vom 2. Juni 1941, das die antisemitischen Statuten vom 3. Oktober 1940 noch einmal verschärfte. Das Gesetz vom 2. Juni 1941 galt in allen Gemeinden Frankreichs, in der besetzten wie in der unbesetzten Zone. Auf seiner Grundlage wurden die massiven Razzien und später die Deportationen durchgeführt. Im Landkreis Dieulefit hatte die Verabschiedung des Gesetzes keine Folgen für die Personen, für die es gedacht war. Die Behörden, die es umsetzen sollten (insbesondere die Ausländerbehörde, die Gendarmerie, Jeanne Barnier und das Gemeindesekretariat), sorgten dafür, dass es folgenlos blieb.

Der Text der Verordnung im Wortlaut:

Die Erfassung der Juden.

Ich, Bürgermeister von Dieulefit, Offizier der Ehrenlegion. Gemäß Gesetz vom 2. Juni 1941 zur Erfassung aller jüdischen Personen. Gemäß Rundschreiben des Präfekten der Drôme vom 17. Juli 1941.

Es ergeht folgende Verordnung:

Artikel 1: Alle jüdischen Personen, französische wie ausländische, die auf der Gemarkung der Gemeinde wohnen, werden gebeten, sich zum Rathaus zu begeben, das ihnen die Vordrucke für die abzugebenden Erklärungen aushändigen wird.

Artikel 2: Diese Vordrucke müssen ausgefüllt und im Rathaus abgegeben werden, spätestens bis zum 31. Juli.

Artikel 3: Zuwiderhandlungen werden bestraft gemäß Artikel 2 des Gesetzes vom 2. Juni 1941.

Dieulefit, 23. Juli 1941
Der Bürgermeister
(gez.) Pizot

74

Recensement des Juifs

Nous, Maire de Dieulefit,
Officier de la Légion d'Honneur;

Vu la Loi du 2 Juin 1941, prescrivant le recensement de toutes les personnes juives.

Vu la circulaire de Monsieur le Préfet de la Drôme du 17 Juillet 1941.

Arrêtons:

Article 1 – Toutes les personnes juives, françaises et étrangères, résidant sur le territoire de la Commune sont invitées à se rendre à la Mairie qui leur délivrera les imprimés réglementaires de déclaration.

Article 2 – Ces déclarations devront être remplies et retournées en Mairie, avant le 31 Juillet, délai de rigueur.

Article 3 – Les contrevenants au présent arrêté seront passibles des peines édictées par l'article 2 de la loi du 2 Juin 1941.

Dieulefit le 23 Juillet 1941
Le Maire

Verzeichnis der Verordnungen und Erlasse des Bürgermeisters.
[Gemeindearchiv von Dieulefit.]

Die religiösen und politischen Netzwerke spielen ebenfalls eine wesentliche Rolle. Das protestantische Umfeld, das selbst sehr stark in Netzwerken organisiert ist, unterstützt – trotz unterschiedlicher Gruppierungen und Ausrichtungen – die bereits dargestellten Netzwerke in vielerlei Hinsicht und auf vielfältige Weise. Das ist vor allem bei der Rettung von Juden der Fall. Wie Pierre Vidal-Naquet überzeugend darstellt, besteht zwischen Juden und Protestanten eine zweifache Gemeinsamkeit: Zum einen der umfassende und enge Bezug auf die Heilige Schrift in beiden Religionen (oft als »theologische Nähe« bezeichnet); zum anderen die geteilte historische Erfahrung von Intoleranz und Verfolgung in beiden religiösen Minderheiten. Im Landkreis Dieulefit, der nicht so stark von der Erinnerung an die religiösen Verfolgungen des 17. Jahrhunderts geprägt ist, gibt es Mitte des 20. Jahrhunderts vor allem aufgrund des protestantischen Verständnisses vom Judaismus eine Annäherung zwischen den beiden Konfessionen. Der Pastor lehrt die jungen Protestanten in der Sonntagsschule, das Volk Israels sei das Volk Gottes, und Judentum und Christentum blieben im göttlichen Bund nebeneinander bestehen. Das Neue Testament habe das Alte Testament nicht verworfen. Und so bekennen es die Gläubigen beim Singen der Psalmen. Diese Auslegung unterscheidet sich von der katholischen Position gegenüber den Juden und Israel, die geprägt war von der »Substitutionstheologie«.[31] Der katholische Katechismus war zu jener Zeit in seiner Haltung zu den Juden stark beeinflusst von einer Strömung, die man in den 1950er Jahren des 20. Jahrhunderts als »Lehre von der Verachtung«[32]

31 Substitutionstheologie: Auffassung, dass nicht mehr das Volk Israel das auserwählte Volk Gottes sei, sondern dass alle göttlichen Verheißungen auf die christliche Kirche übergegangen seien (Anm. d. Übers.).

32 *L'enseignement du mépris* (Lehre von der Verachtung) ist der Titel eines Buches von Jules Isaac (1962, Neuauflage 2004 bei Grasset), in dem er die Frage untersucht, ob es in der christlichen Religion antisemitische Züge gibt (Anm. d. Übers.).

bezeichnete, und eben auch von der Substitutionstheologie. Diese theologische Richtung vertritt die Auffassung, dass der »Neue Bund Gottes« den »Alten Bund Gottes« widerrufen und abgelöst habe, dass also das neue auserwählte Volk Gottes das christliche Volk sei. Das jüdische Volk hingegen sei verflucht und in alle Länder zerstreut.

Dieses religiöse Konzept trägt eine Mitverantwortung für die Ausbreitung des Antisemitismus, was Papst Johannes Paul II. am Ende seines Pontifikats auch feierlich anerkannte (Rede zum großen Jubiläumsjahr 2000).

Die jüdischen Organisationen, vor allem die OSE, bitten die protestantischen Kirchen, Pfarrer und Notabeln in der dunklen Zeit gezielt um Hilfe. So ist es nicht verwunderlich, dass von den zwölf *Gerechten*, die in Dieulefit von Yad Vashem ausgezeichnet worden sind, neun protestantisch sind; ein Zahlenverhältnis, das nicht dem Anteil der protestantischen Bevölkerung im Kanton entspricht. Die Protestanten in der Region vertraten überwiegend die Auffassung, dass die Beziehungen zum Judaismus auf dem Geist der Brüderlichkeit beruhten, dass es daher schlicht ihre brüderliche Pflicht sei, den Juden in der Stunde der Verfolgung zu helfen, ohne dass die Retter dafür besonderes geehrt werden sollten. Noch heute wirkt diese Sichtweise nach; noch heute trifft man diese zögernde Zurückhaltung, die Ehrung mit dem Titel *Gerechte* anzunehmen, wobei betont wird, es sei doch »normal« und »nichts Besonderes«, Verfolgte zu retten.

Die Situation der Katholiken ist eine andere, schon aufgrund der kirchlichen Hierarchie. Die katholische Kirche Frankreichs lässt sich zunächst verführen durch die Unterstützung, die sie vom Vichy-Regime erhält, und gibt dem Regime gegenüber Loyalitätsbezeugungen ab. Diese Loyalität wird für immer mehr Katholiken unerträglich, auch für die Jesuiten in Lyon, die »Maquis-Pfarrer« und viele verunsicherte Gläubige. Das führt dazu, dass die Hilfsaktionen von dieser

Abbé Georges Magnet (1908–1944) ist eine wichtige Persönlichkeit des »zivilen« und des kämpfenden Widerstands. Der in La Bâtie-Rolland praktizierende Pfarrer stammt aus Dieulefit. 1940 ist er im gleichen Lager wie André Malraux als Kriegsgefangener. Sie fliehen gemeinsam. Nach seiner Rückkehr beteiligt er sich aktiv daran, Flüchtlinge, Verweigerer des Zwangsarbeitsdienstes und später Widerstandskämpfer im Maquis zu schützen, wobei er weiterhin sein Priesteramt ausübt. Er arbeitet mit Marguerite Soubeyran, Pfarrer Debû aus Le Poët-Laval und Jeanne Barnier zusammen und stellt geflüchteten Juden Taufbescheinigungen aus. Nachdem ihm der Bischof von Valence (Monsignore Camille Pic) seine Pfarrgemeinde entzogen hat, schließt er sich dem Maquis im Vercors an und trifft dort die Geistlichen Yves de Montcheuil und Daniel Atger. Er feiert die Messe und nimmt im Juli 1944 an den Kämpfen im Vercors teil. Am 27. August 1944 wird er während einer heftigen Gegenoffensive der deutschen Armee in Bourg-de-Péage mit der Waffe in der Hand getötet. [Sammlung Familie Martin.] Abbé Magnet wurde 2017 als *Gerechter unter den Völkern* ausgezeichnet; er ist der zwölfte Gerechte von Dieulefit.

Seite eher individueller Art und damit sehr riskant sind. Die Pfarrer, die wie Abbé Magnet oder Abbé Bel aus Vesc den Maquis unterstützen, Flüchtlinge schützen und Taufbescheinigungen für Juden ausstellen, riskieren ihre Verhaftung, aber auch kirchliche Strafen wie das Verbot, das Priesteramt auszuüben, oder gar die Suspendierung durch ihren Bischof, Monsignore Pic. Der Bischof von Valence, Veteran des Ersten Weltkriegs, stellte seine Loyalität Pétain gegenüber nie in Frage, anders als der protestantische Pfarrer Eberhard aus Dieulefit. Auch dieser hatte den Sieger von Verdun zuerst verehrt, aber 1942 weigerte er sich, gegen sein Gewissen zu handeln.

Das kommunistische Netzwerk spielt ebenfalls eine maßgebliche Rolle; es stützt sich auf seine Mitglieder, Sympathisanten und Weggefährten. Marguerite Soubeyran, die schon vor ihrem Beitritt zur Partei kommunistisch orientiert ist, und ihre engen Freundinnen Léonie Brunel und Thérèse Robert nutzen die im Landkreis vorhandene Verankerung der Partei und verstärken diese gleichzeitig. Zunächst verstecken sie spanische Republikaner, dann Kommunisten aus Frankreich oder dem Ausland wie zum Beispiel Henri Haillus, die ihrerseits wiederum andere Flüchtlinge verstecken – in einer Art Kettenreaktion der Solidarität. So werden in der Nähe des Passes von Vesc mit der Hilfe von Abbé Bel und der Unterstützung der zahlreichen katholischen und protestantischen Kommunisten in Vesc zwei wichtige Mitglieder der deutschen kommunistischen Partei versteckt, Hermann Nuding und Ella Rumpf (unter dem Namen »Bauer«; siehe Infokasten über die »Bauers« auf den folgenden Seiten).

Untersucht man genauer, wie das kommunistische Netzwerk funktionierte, so zeigt sich sehr deutlich, dass Dieulefit und der Landkreis auf verschiedenen Ebenen zusammenarbeiteten: Bei der Versorgung mit Lebensmitteln, wenn Solidarität gefragt war oder wenn es darum ging, gefährdete Personen zu schützen. Und schließlich hielten die Kommunisten die Verbindungen und den Austausch zwischen dem geistigen und zivilen Widerstand und dem bewaffneten

Widerstand der Kämpfer im Maquis aufrecht. Viele Jugendliche der beiden Schulen von Beauvallon und La Roseraie, jüdische und nichtjüdische, schlossen sich den FTP-Kämpfern an,[33] zu denen Marguerite Soubeyran und die kommunistische Partei den Kontakt vermittelten. Das war zum Beispiel bei den beiden deutschen Zwillingsbrüdern Henri und Georges Springer der Fall, die mit ihren Eltern zu Beginn der Besatzungszeit nach Dieulefit gekommen waren (siehe ihre Zeitzeugenberichte S. 145 und 146).

Die Geschichte der »Bauers«

Noch heute erinnern sich ältere Einwohner von Comps und Vesc, zwei kleinen Nachbargemeinden von Dieulefit, an die »Bauers«. Unter diesem Decknamen der Résistance verbergen sich Hermann Nuding und seine Parteigenossin Ella Schwarz.

Hermann Nuding (1902–1966) ist in Oberurbach im Württembergischen geboren. Ella Winzer, verheiratete Schwarz, später Rumpf (1907–2002), stammt aus Berlin. Vor der Machtübernahme Hitlers sind beide wichtige Kader der Kommunistischen Partei Deutschlands (KPD). Da ihr Leben in Deutschland gefährdet ist, fliehen sie aus Nazideutschland, tauchen unter und organisieren in allen europäischen Ländern, in denen sie sich aufhalten, den Widerstand gegen den Nationalsozialismus und den Faschismus. So kommen sie 1940 und 1941 nach Lyon. Weil sie von der Gestapo und der französischen Miliz aufgespürt worden sind, müssen sie Anfang 1942 Lyon verlassen. Sie bekommen Schutz von Abbé Glasberg (der sie verheiratet und ihnen Papiere auf den Namen Jean und Joséphine Bauer ausstellt) und werden Marguerite Soubeyran anvertraut. Diese versteckt die beiden auf dem Bauernhof Le Lauzas,

---

33 FTP: *Francs-Tireurs et Partisans*, kommunistisch orientierte Widerstandsorganisation der Résistance (Anm. d. Übers.).

den sie von Bauern gepachtet hat (mitten in der Natur, in der Nähe des Passes von Vesc), in einer Gegend, die politisch deutlich linksorientiert ist.

Ella erinnert sich ganz genau an ihre Begegnung mit ihrer Retterin: »Die Direktorin, Madame Soubeyran, war eine aktive Widerstandskämpferin. Sie sah es als ihre Pflicht an, Kinder aufzunehmen, deren Eltern verfolgt und inhaftiert worden waren, vor allem Juden, um sie vor den faschistischen Verfolgungen zu schützen. Diese Schule wurde ein Zentrum des Widerstands. Wir hatten auch Verbündete im Rathaus von Dieulefit. Mit ihrer Hilfe kamen wir an Lebensmittelkarten und fanden eine provisorische Unterkunft in der Nähe der Schule.«

Die Unterbringung der beiden kommunistischen Parteikader auf dem Bauernhof wird über die Kontakte Marguerite Soubeyrans zur kommunistischen Zelle Dieulefit und zu den Genossen in den umliegenden Bergen (Vesc, Comps, Orcinas, Teyssières) organisiert: »Die Bewohner der Umgebung liehen uns Töpfe, eine Nähmaschine, Bettzeug, Decken und Wäsche.

Für wenig Geld beschafften sie uns auch ein Radiogerät. Das war für uns extrem wichtig. Die Informationen, die wir so empfangen konnten, waren sehr wichtig für unsere Treffen und die Flugblätter, die wir verfassten und die Hermann dann über die Verbindungsmänner verbreiten ließ. Später konnten wir mit dem Radiogerät die Meldungen aus London abfangen, die die Materialabwürfe mit Fallschirmen ankündigten.« Ella bemüht sich erfolgreich darum, gute Beziehungen zu den Bauernfamilien aufzubauen. Sie nutzt ihren ersten Beruf als Schneiderin, geht mit ihrer Nähmaschine von Bauernhof zu Bauernhof und erledigt Näharbeiten, wofür sie sehr geschätzt wird. Jeder Besuch bietet ihr die Möglichkeit, die Bevölkerung davon zu überzeugen, dass sie die Résistance unterstützt. »Ich bemühte mich, dass sie sich wenigstens in einem Punkt einig waren: in ihrem gemeinsamen Hass auf die deutschen Besatzer.« Die beiden untergetauchten Kommunisten sind ja zunächst mit dem Misstrauen der Katholiken und Protestanten in diesem bergbäuerlichen Milieu konfrontiert, das anfänglich so stark zu sein schien, dass auch eine ähnliche politische Orientierung daran nichts änderte.

»Jo und Jean Bauer« in Le Lauzas, Pass von Vesc, Ende 1943. Hermann und Ella gelingt es, fast als Einheimische angesehen zu werden und das Vertrauen der Bevölkerung zu gewinnen. Ella, die nähen kann, erledigt Näharbeiten für ihre Nachbarn. Hermann (auf dem Foto mit Baskenmütze) nimmt Kontakt zu den Männern auf, die sich dem Zwangsarbeitsdienst entzogen haben, und bildet sie im Kampf und für Geheimaktionen aus. [Sammlung Andrée Moreuil.]

Bei jedem ihrer Besuche bitten die beiden Deutschen die Bevölkerung, bei Beschlagnahmungen von Lebensmitteln nichts herauszugeben, gefälschte Lebensmittelkarten zu akzeptieren, um die Lage der Flüchtlinge und ihrer Kinder zu erleichtern, die Schule von Beauvallon mit Lebensmitteln zu versorgen, und später, ab 1943, Verweigerer des Zwangsarbeitsdienstes STO[34] aufzunehmen und sie für landwirtschaftliche Arbeiten einzustellen.

---

34 STO: *Service du travail obligatoire*: Zwangsarbeitsdienst. Im Februar 1943 führte Laval auf deutschen Druck hin den Zwangsarbeitsdienst für die Männer ein. Die Männer wurden zwangsrekrutiert für die Arbeit in Deutschland oder die Deutschen in Frankreich. Viele tauchten daraufhin unter oder schlossen sich der Résistance an (Anm. d. Übers.).

Im Frühjahr 1943 bitten die Kommunisten in Dieulefit die beiden untergetauchten Deutschen offiziell darum, in den Bergen auf einem abgeschiedenen Plateau eine sichere Basis für Materialabwürfe per Fallschirm einzurichten und die Nachrichten im englischen Radio zu hören und weiterzuleiten. Die ersten Fallschirmabwürfe im Frühjahr 1943 sollen gezielt die Verweigerer des Zwangsarbeitsdienstes im Maquis unterstützen (Schuhe, Zucker, Mehl, warme Kleidung, Zigaretten, Fett). Parallel dazu startet Nuding eine regelrechte politische Bildungsarbeit, um weitere Verweigerer des Zwangsarbeitsdienstes unterzubringen und um den Widerstand im Maquis aufzubauen. »Das Jahr 1943 war das Jahr, in dem wir Personen in den Bauernhöfen unterbrachten, den Maquis organisierten, Kontakt zu den Gaullisten aufnahmen, Öffentlichkeitsarbeit für die Partei machten, Aufkleber und später auch Flugblätter verbreiteten. (...) Wir informierten die Bauern und nutzten ihre Kenntnis des Gebiets und der Bevölkerung, wir organisierten Lebensmittelsammlungen, nahmen Informationen entgegen und überbrachten Nachrichten, die uns zum Beispiel kodiert über Telegrafen übermittelt wurden.« Ella ergänzt: »Wir bekamen Waffen, darunter mehrere Maschinengewehre. Weil es in diesem Gebiet keine Kämpfe gab und die Partisanen im Vercors ganz in der Nähe dringend Waffen brauchten, setzten wir uns mit ihnen über französische Genossen in Verbindung. Sie kamen nachts mit einem Kleinlastwagen vom Vercors herunter und holten sie ab. Wir behielten nur die Waffen, die zum Schutz unserer Gruppe notwendig waren.« 1944 notiert Nuding stolz, dass ihre Arbeit im Maquis Anerkennung findet: »Nach einigen gelungenen Coups wurden wir anerkannt, und die FFI[35] nahmen Kontakt zu uns auf. Wir bekamen Waffen, um uns zu verteidigen, aber auch Waffen, die für den Vercors bestimmt waren, außerdem Armbinden, die uns als Einheit der »alliierten Armee« auswiesen, um nicht als Freischärler behandelt zu werden. (...) Am 6. Juni 1944 wurde unser Maquis in die FFI eingegliedert.«

35 FFI: *Forces françaises de l'intérieur.* Deutsch: Französische Streitkräfte des Inneren. Zu dieser Organisation vereinten sich am 1. Februar 1944 die wichtigsten militärischen Widerstandsgruppen, die sich am 9. Juni 1944 zu Kämpfern unter westalliiertem Oberbefehl erklärten (Anm. d. Übers.).

Gleich nach der Befreiung verlassen Herrmann und Ella ihren Bauernhof, gehen nach Paris und setzen ihren Kampf gegen den Nationalsozialismus und für den Aufbau eines neuen Deutschlands fort. Ihr ganzes Leben lang bleiben sie Dieulefit und den Bewohnern der Region, mit denen sie in regem Briefwechsel (aufbewahrt im Bundesarchiv Berlin) stehen, treu.

Hermann Nuding-Jean Bauer. [Bundesarchiv Berlin.]

Die Freundschaft der Familien Garfinkel-Garel, Lederman und Lemaire in Dieulefit

Die wichtige Rolle persönlicher Beziehungen und Freundschaften, die entweder schon vor dem Krieg oder nach der Niederlage und dem Debakel entstanden waren, darf nicht unerwähnt bleiben. Eines von vielen Beispielen soll hier herausgehoben werden: die tiefe Freundschaft zwischen drei Familien; zwei aus Lyon, die dritte aus Dieulefit. Sie spielten eine bedeutende Rolle bei der Rettung vor allem jüdischer Kinder und in der Résistance.

Die Familie Garfinkel, jüdisch und ursprünglich aus Litauen stammend, hat die französische Staatsbürgerschaft. Georges ist Ingenieur und lebt und arbeitet zu Kriegsbeginn in Lyon. Die Familie Lederman, jüdisch und aus Deutschland stammend, hat ebenfalls die französische Staatsbürgerschaft und lebt ebenfalls in Lyon. Charles Lederman ist einer der jüngsten Kommunisten Frankreichs. Er ist politisch sehr aktiv. Er arbeitet als Rechtsanwalt. Vor dem Krieg fahren die beiden Familien häufig nach Dieulefit und besuchen die Familie Lemaire.

Als im Sommer 1942 die ersten großen Razzien durchgeführt werden, als sich das Lager Vénissieux mit jüdischen Eltern und Kindern füllt, die bald in die Lager im Osten deportiert werden sollen, organisiert Charles Lederman die Arbeit der OSE in Lyon und schlägt Alarm bei seinem Freund Georges Garel (der Name Garfinkel ist in Garel französiert). Georges Schwester Raja ist mit Charles Lederman verheiratet. Charles und Georges sind also Schwäger.

Charles Lederman und Georges Garel, der das *Netzwerk Garel* gründet, das seinen Namen trägt, retten mehr als 1.500 jüdische Kinder, die von der OSE oder anderen Organisationen in Obhut genommen werden, um sie an sicheren Orten unterzubringen oder um ihre Emigration in die Schweiz, die Vereinigten Staaten, nach Spanien oder Palästina (Erez) zu organisieren. Gemeinsam und mit der Hilfe von Lili Tager (später Lili Garel), Madeleine Dreyfus, Andrée Salomon, Abbé Glasberg und der *Amitié chrétienne* in Lyon retten sie am 28. August 1942 die Kinder

April 1938, Kirche Saint-Roch der katholische Gemeinde. Taufe von Magali Lemaire, Tochter von Louis, im Beisein der Familien Lemaire, Lederman und Garel. Magali hat das Glück, sogar zwei Patenonkel zu haben: ihren Onkel Pierre (katholischer Pate) und Charles Lederman, jüdisch, der ihr weltlicher Pate, der Pate »aus Freundschaft« wird. [Sammlung Magali Maury-Lemaire.]

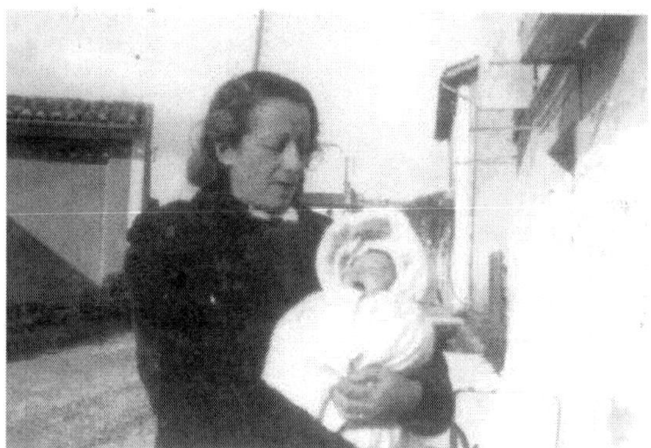

Raja Lederman (geb. Garfinkel-Garel), mit ihrer gerade geborenen Tochter Claudie auf dem Arm, Ende 1943 fotografiert, in der Nähe des Hauses La Pouilleuse (spätere Pension Chez nous, neben einer alten Fabrik). Der Architekt Piollenc aus Le Poët-Laval, ein Freund und Nachbar, besucht die Familie Lemaire und bringt Raja bei, ihre Tochter zu wickeln. Die Familien Lemaire (Louis) und Lederman leben beide in diesem Haus und bekommen oft Besuch, auch von Élisabeth und Marc Préault (Arzt). Die Familie Garel kommt sehr häufig zu Besuch. Die kleine Magali mag Georges sehr und gibt ihm den Kosenamen Gricha oder Gri, in Erinnerung an Russland. [Sammlung Magali Maury-Lemaire.]

ÉTAT FRANÇAIS

CARTE D'IDENTITÉ N°

Nom LOUVIEL

Prénoms Charles

Domicile

Profession Employé

Né le 27 janvier 1910

à Paris Dpt Seine

fils de Emile

et de Blanche Bertrand

Nationalité française

Signature du titulaire.

DA 13 FRANCS

SIGNALEMENT

Taille 1m65

Visage ovale

Teint clair

Cheveux blonds

Moustaches –

Front

Yeux clairs

Nez moyen

Bouche moyenne

Menton

Signes particuliers

Changements de Domicile

Toulouse 14 r. Arago

le 19.4.43

Timbre humide

Timbre humide

Lyon le 3 mars 1943

ayant établi la carte,

Ausweis, der aus Charles Lederman Charles Louviel macht, »Angestellter«, wohnhaft in Toulouse ab April 1943. [Sammlung Claudie Bassi-Lederman.]

aus dem Lager Vénissieux, darunter auch diejenigen, die dann in Dieulefit versteckt werden.

Diese Rettungsaktion führt dazu, dass der Präfekt von Lyon, die Miliz und die deutschen Geheimdienste auf sie aufmerksam werden und gezielte Nachforschungen über sie anstellen. Mit der Invasion der Deutschen in die sogenannte »freie Zone« im November 1942 und deren Besetzung Anfang 1943 wird die Gefahr noch bedrängender. Ihr großes Glück ist, dass sie auf die Freundschaft und Hilfe der Familie Lemaire zählen können.

Camille Lemaire, verwitwet, hatte ihrem ältesten Sohn Louis eine Privatbank im Stadtzentrum von Dieulefit überschrieben. Die drei Familien sind sich schon seit der Vorkriegszeit sehr freundschaftlich verbunden. In der Stunde der Gefahr kommen die Lyoner nach Dieulefit. Raja Lederman flüchtet in Louis Lemaires Haus (am unteren Ende der Place de la Pouilleuse) und bringt in der Geburtsstation des Gemeindekrankenhauses ihre Tochter Claudie zur Welt. Auch ihr Ehemann, nach dem intensiv gesucht wird, braucht dringend Schutz. Mit Hilfe der Lyoner Résistance bekommt er einen falschen Ausweis (auf den Namen Charles Louviel) und flüchtet ebenfalls nach Dieulefit.

Sein Freund Louis Lemaire, der kein großes Interesse mehr an der Arbeit in der Bank hat (die er seinem Bruder überschreibt), entwickelt eine große Leidenschaft für die Töpferei. Mit Hilfe seines Freundes Étienne Noël, einem bekannten Maler, Töpfer und Glashersteller, eröffnet er zwei Ateliers, eins auf der alten Straße nach Montélimar, das andere am Ende der Rue du Savelas. Dank seiner Töpferei verschafft er Charles Lederman eine besondere Tarnung. Er erklärt, Charles Louviel sei Vertreter für Töpfer- und Keramikwaren im Auftrag des Hauses Lemaire. Dank dieser Unterstützung von Louis Lemaire kann Charles also in den Norden und den Süden Frankreichs reisen, ganz beruhigt bis zu den Grenzen fahren, immer mit seinem kleinen Handelsvertreterkoffer. Dank dieser falschen Identität kann er viele jüdische Kinder und Erwachsene an sicheren Orten unterbringen, in Frankreich oder auch über den Weg durch die Savoie in die Schweiz.

Die Bedeutung der Geschichte des »anderen Widerstands« im lokalen und europäischen Kontext

Der Landkreis Dieulefit ragt heraus, was die Tragweite und Effektivität des Widerstands gegen die Unmenschlichkeit betrifft, die die Nazibesatzer und das Vichy-Regime gemeinsam an den Tag legten. Die Menschen bekamen dadurch wieder Selbstvertrauen, ob sie nun Intellektuelle waren oder nicht, Erwachsene, Kinder, Franzosen oder Ausländer.

Diese Rettungen, die sich durch große Effektivität und Menschlichkeit auszeichnen, waren nur möglich, weil es eine lückenlose Kette der Solidarität gab. Es ist sehr wahrscheinlich, dass es auch Denunziationen gegeben hat. Aber wie es Henri Springer in seinem Zeitzeugenbericht beschreibt, ließen die dort herrschende Atmosphäre und die einmütige moralische Haltung der Bewohner solche Tiefschläge scheitern. Mehrere Zeugen berichten, niemand im Landkreis habe Angst gehabt, und die Bevölkerung habe – von einigen sehr wenigen Ausnahmen abgesehen – die wahren Namen und die Identität der Flüchtlinge gekannt. Für Henri Springer (siehe Zeitzeugenbericht S. 146) ist dies das wichtigste Ergebnis des solidarischen Widerstands ohne Waffen: der Angst keinen Raum zu geben, indem man ein »Klima der Nicht-Angst«[36] schafft.

Bei der Befreiung und dann, als gegen Ende 1944 und im Lauf des Jahres 1945 immer mehr tragische Nachrichten eintrafen, wurde den in Dieulefit Geretteten zunehmend bewusst, wie außergewöhnlich das war, was sie erlebt hatten. Sie waren nicht nur gerettet worden, sie hatten sehr oft auch Freunde und eine Familie gefunden.

36 Zeitzeugenbericht von Henri Springer, öffentlich vorgetragen am 27. Oktober 2008 im FIEF, la Bégude-de-Mazenc (Stiftung Ernst Jablonski-Ernest Jouhy). Siehe vollständiger Text siehe S. 146.

Noch zehn, 20, 40 Jahre später halten Retter und Gerettete ihre Beziehung lebendig.[37]

Die große geografische und soziale Streuung der Verstecke trug dazu bei, den Schutz der gefährdeten Menschen zu gewährleisten. Diese Gegebenheit erschwert allerdings die Arbeit des Historikers, wenn er 75 Jahre später die Aufnahme der Flüchtlinge und die Solidaritätsakte rekonstruieren muss. Aber gerade das ist eine Art Gütezeichen von Dieulefit: Auch zu Beginn des 21. Jahrhunderts sind längst noch nicht alle Familien und Häuser oder Bauernhöfe bekannt, in denen Flüchtlinge Zuflucht fanden.

Einige dieser Bewohner des Landkreises wurden von Yad Vashem und dem Staat Israel als *Gerechte unter den Völkern* geehrt. In Dieulefit selbst wurden zwölf Personen ausgezeichnet. Im Mai 2011 wurde die Familie Amblard aus Le Poët-Laval von dem Repräsentanten Yad Vashems im Beisein des Bürgermeisters der Gemeinde ausgezeichnet. Die Urkunde und die Medaille wurden den Kindern dieser *Gerechten* überreicht, in Anwesenheit des Menschen, der 69 Jahre zuvor gerettet und aufgenommen worden war: Maurice Goldberg. Danach wurden noch drei weitere *Gerechte* in Dieulefit geehrt. 2013 wurde aufgrund des Zeitzeugenberichts von Samuel Grynspan das Ehepaar Léa und René Robin von Yad Vashem ausgezeichnet. Ihr Sohn Jacky erhielt im Beisein der Familie Grynspan die Medaillen und die Urkunden für seine Eltern. 2017 wurde Abbé Magnet, der im August 1944 in einem Gefecht gefallen war, als *Gerechter* geehrt, weil er Juden, unter anderen die Familie Zalamansky, versteckt und ihnen neuen Mut gegeben hatte. Seitdem wird die Wahrscheinlichkeit, dass weitere *Gerechte* ausgezeichnet werden, zunehmend

---

37 So blieb zum Beispiel der Lehrer Samuel Abramovitsch in Kontakt mit seinen ehemaligen Schülern der Schule La Roseraie; auch Uscha Gottesmann, jüdischer Flüchtling aus Deutschland, hielt weiterhin Kontakt zur Familie Haillus, der er bis zu seinem Tod jeden Monat Geld mit der Post überwies.

geringer, da die einzigen, die die entscheidenden Beweise dafür erbringen könnten, die ehemals versteckten und geretteten jüdischen Kinder, immer weniger werden. Doch die (wenigen) Überlebenden möchten vor ihrem Tod noch Zeugnis ablegen. Die *Gerechten* haben sozusagen ein historisches und menschliches Band zwischen Juden und Nichtjuden geschaffen, und das ist von universeller und nicht zeitgebundener Dimension; die Erinnerung muss dies bewahren und überliefern, wie Elie Wiesel fordert:

»In those times there was darkness everywhere. In heaven and on earth, all the gates of compassion seemed to have been closed. The killer killed and the Jews died and the outside world adopted an attitude either of complicity or of indifference. Only a few had the courage to care. These few men and women were vulnerable, afraid, helpless – what made them different from their fellow citizens? … Why were there so few? … Let us remember: What hurts the victim most is not the cruelty of the oppressor but the silence of the bystander … Let us not forget, after all, there is always a moment when moral choice is made … And so we must know these good people who helped Jews during the Holocaust. We must learn from them, and in gratitude and hope, we must remember them.«[38]

---

38 Elie Wiesel, in: Carol Rittner, Sandra Meyers: *Courage To Care – Rescuers of Jews during the Holocaust.* NYU Press 1986, S. 2: »In diesen Zeiten herrschte überall Dunkelheit. Im Himmel und auf Erden schienen alle Tore des Mitgefühls verschlossen zu sein. Der Mörder mordete und die Juden starben, und die Welt darum herum zeigte eine Haltung der Komplizenschaft oder Gleichgültigkeit. Nur wenige hatten den Mut zu helfen. Diese wenigen Männer und Frauen waren verwundbar, hatten Angst, waren machtlos – was unterschied sie von ihren Mitmenschen? … Warum waren es so wenige? … Denken wir daran: Was das Opfer am meisten trifft, ist nicht die Grausamkeit des Unterdrückers, sondern das Schweigen derer, die zuschauen. … Vergessen wir nicht, dass es immer einen Moment gibt, in dem eine moralische Wahl getroffen wird. … Und deshalb müssen wir wissen, wer diese aufrechten Menschen waren, die Juden während des Holocaust geholfen haben. Wir müssen von ihnen lernen, und wir müssen

Sich erinnern! Nicht vergessen! Die Gefahr ist groß, was die Retter aus dem Landkreis Dieulefit angeht. Viele Retter waren selbst Juden und Widerstandskämpfer (Garel, Lederman, M. Dreyfus, »Poumy«, Matzdorff, Helmut Meyer, Robert Meyer, Samuel Abramovitsch, Daniel Rabinovitch und viele andere), und als Juden können sie nicht von Yad Vashem als *Gerechte* anerkannt werden, weil die Auszeichnung *Gerechte* nur Nichtjuden verliehen wird. Es muss noch erwähnt werden, dass mit den Rettungs- und Widerstandsaktionen auch Nichtjuden geholfen wurde. So wurden zum Beispiel im Jahr 1943 italienische Deserteure aufgenommen und geschützt, im Jahr 1944 auch deutsche Deserteure. 1943 bot die lokale Bevölkerung auch Engländern aus der Côte d'Azur und dem Süden der Provence Zuflucht und Schutz, die dort nach der Besetzung des gesamten Territoriums durch die Deutschen und nach der Landung der Alliierten in Nordafrika vertrieben worden waren.

Auch wenn der Widerstand »ohne Waffen« im Landkreis Dieulefit außergewöhnlich in seiner Wirkung war, so war er doch nicht singulär. Es gibt weitere Beispiele in Frankreich und Europa. Das, was man den »anderen Widerstand« nennt, ist noch sehr unvollständig erforscht, auch weil er noch weniger historische Spuren hinterlassen hat als die klassischen Formen des Widerstands. Diese »stillen Helden« verdienen es, ihren Platz in der Geschichte der Jahre 1933–1945 zu bekommen. Die Erforschung dieser »anderen Geschichte« ist dringend notwendig für das Verständnis der Gesellschaften im Krieg. Wie verhält sich eine Gesellschaft angesichts des Totalitarismus, wie verteidigt sich das soziale Gemeinwesen, das von Terror und Gewalt zerstört wird, wie kittet es die durch Rassismus gezogenen Risse, wie gelingt es ihm, buchstäblich mit »nackten Händen«,

---

uns in Dankbarkeit und Hoffnung an sie erinnern.« (Übersetzung durch d. Übers.)

die kriminellen Pläne eines Staates oder einer Partei zunichte zu machen? Eine vergleichende Analyse der Verhältnisse in den verschiedenen Ländern Europas während des Zweiten Weltkrieges kann zu diesen Fragen fruchtbare Erkenntnisse beitragen.

In Frankreich ist das Interesse an der Erforschung des zivilen Widerstands und an den »Gerechten« im letzten Jahrzehnt stark gestiegen. Entsprechend dem Gesetz vom 23. März 2000 ehrt der französische Staat die *Gerechten Frankreichs*, die oft auch vom Staat Israel als *Gerechte unter den Völkern* ausgezeichnet worden sind. Aber der französische Staat hat den Begriff der *Gerechten* erweitert um ein religionsunabhängiges Kriterium. Von der französischen Republik werden Männer (oder Frauen) als nationale *Gerechte* anerkannt, die »gute Menschen« und widerständig waren, auch wenn sie nicht mit der Waffe in der Hand gekämpft hatten, die aus einer hohen moralischen Haltung heraus die Gesetze Vichys nicht befolgt hatten, die sich den Anordnungen der Deutschen widersetzt hatten, die Dissidenten wurden. Gefährdete Menschen zu verstecken, das heißt, Befehle zu verweigern. Ein bedrohtes oder ausländisches jüdisches Kind zu schützen, mit Nahrung zu versorgen und zu verstecken, das heißt: Widerstand zu leisten, auch wenn es – anders als im besetzten Polen – kein französisches oder deutsches Gesetz gab, das für eine solche Handlung die Todesstrafe vorsah. »Nichtarier« nicht bei der französischen oder deutschen Polizei oder der Miliz zu denunzieren, der offiziellen Propaganda nicht zu folgen, die (über Radio, Presse, Kino) die Juden, die Englandfreunde, die Gaullisten, die »Terroristen« brandmarkte, das Versteck eines Geflüchteten nicht zu verraten: All das ist Rettungswiderstand. Auch zusätzliche Entbehrungen auf sich zu nehmen kann eine Form des Widerstands sein.

Im März 1943 hält Jeanne Barnier in ihren Aufzeichnungen fest, dass Dieulefit (im weiteren Sinne, also Stadt und Umkreis) 1.477 Personen, die als »Flüchtlinge« gelten, beherbergt und mit Nahrung versorgt. Diese Zahl enthält:

- 1.200 Flüchtlinge, die aus eigener Entscheidung nach Dieulefit gekommen sind und der Gemeindeverwaltung bekannt sind;
- 74 Erwachsene und 43 Kinder, die aus dem Departement Var ausgewiesen und vom Präfekten zugewiesen worden sind;
- 16 Personen (Erwachsene und Kinder), über die die Behörden wenig wissen (d. h., sie sind illegal oder besonders gefährdet).

Am 1. April 1944 bilanziert der Gemeinderat die Anzahl die untergebrachten geflüchteten Personen. Nach den Angaben Jeanne Barniers und des *Comité d'accueil des Réfugiés*, des Komitees für die Aufnahme von Flüchtlingen, macht er folgende Aufstellung:

- 43 »kleine Flüchtlinge« (mit vorläufigem Status seit dem 7. November 1943);
- 74 »zugeteilte Flüchtlinge« (vor allem die aus der Côte d'Azur ausgewiesenen Flüchtlinge, die ab 8. Januar 1944 kommen);
- die »aus eigener Entscheidung gekommenen Flüchtlinge, etwa 1.100 Personen«, schreibt Jeanne Barnier. Einige dieser Flüchtlinge waren schon im spanischen Bürgerkrieg im Frühjahr 1938 nach dem Fall Barcelonas aus Spanien gekommen. Die nächsten folgen im Herbst 1938, dann kommen sehr viele Flüchtlinge nach dem Debakel 1940. Ab 1941 folgen die ersten Deserteure aus den *Chantiers de la jeunesse*,[39] 1943 kommen dann junge Männer,

39 *Chantiers de la jeunesse française* (CJF): Nach der militärischen Niederlage Frankreichs vom Vichy-Regime per Dekret gegründete Jugendcamps, in denen junge Männer auch militärisch geschult werden sollten. Sie ersetzten den Militärdienst, der vor dem Krieg galt (Anm. d. Übers.).

die sich dem Zwangsarbeitsdienst STO entzogen hatten, und ab September 1943 desertierte italienische Soldaten; einige von ihnen werden in Montjoux in der Nähe von Dieulefit aufgenommen.

Insgesamt sind es etwa 1.300 Personen, für die die Stadt Dieulefit und seine Bewohner sorgen müssen. Die Gemeindeverwaltung entscheidet, ihnen Lebensmittelkarten zuzuteilen. Zu diesen Lebensmittelkarten addieren sich die an die Einwohner Dieulefits verteilten Lebensmittelkarten, das sind 2.400. Die junge Rathaussekretärin hält fest, dass dies insgesamt – also 3.600 Lebensmittelkarten – eine erhebliche Last für diese kleine Stadt bedeutet. Der zusammenfassende Bericht merkt dazu an: »Alles in Allem beweist die Aufnahme der Geflüchteten eine große Solidarität vonseiten der Bevölkerung.«[40]

Die Anzahl von »3.600 Lebensmittelkarten« schließt die Lebensmittelkarten für die Flüchtlinge mit ein, die in Dieulefit selbst und in den Weilern oder Dörfern der Umgebung, also in einem recht großen Teil des Kantons (von La Bégude bis Vesc und Comps), Zuflucht gefunden haben. Dazu kommen noch die weiter entfernt untergebrachten Flüchtlinge (Teyssières im Osten, Pont-de-Barret im Nordwesten), deren genaue Anzahl nicht bekannt ist (die geschätzte Zahl von etwa hundert gilt als wahrscheinlich).

Auch wenn man von der Hypothese ausgeht, dass es – niedrig geschätzt – etwa 1.700 Flüchtlinge im Jahresdurchschnitt sind, wird deutlich, dass deren Aufnahme und Versorgung für die damals 5.690 Einwohner des Kantons eine erhebliche Belastung gewesen sein muss. Das Auftreiben von Lebensmitteln wird zur Dauerbeschäftigung für die Bewohner, die Flüchtlinge und die Behörden. Die Berichte der Gendarmerie von Dieulefit,[41] die schriftlichen und

40 Berichtsprotokoll der Beratung des Gemeinderats vom 1. April 1944. Archives municipales de Dieulefit (AMD).

41 Diese Berichte der Gendarmerie sind eine hervorragende Quelle. Die Berichte für die Jahre 1940–1943 sind erhalten (bis April 1943). Für die Zeit

mündlichen Zeitzeugenberichte, die Beratungsprotokolle der Gemeindeverwaltung stimmen in diesem Punkt überein: Sie bestätigen, dass der Alltag von Entbehrungen und unablässigen Belastungsproben bestimmt ist. Es droht Hunger. Immer wieder kommt es vor den Rathäusern zu Demonstrationen, meist von Frauen organisiert (wie in Le Poët-Laval).

Die Aufnahmebereitschaft der Einwohner ist umso bemerkenswerter, als sie selbst unter großer Lebensmittelknappheit leiden, wie Jeanne Barnier berichtet. Der Hunger verschont weder die Kleinkinder (Milch gibt es nur in ganz kleinen Mengen) noch die Jugendlichen. Nur den schwangeren Frauen und den Kranken im Krankenhaus stehen etwas mehr Lebensmittel zu. Um das Ausmaß der Opfer zu ermessen, die die Bevölkerung bringt, müsste man die Situation im Landkreis Dieulefit mit einem chronisch unterernährten afrikanischen Land der Sahelzone vergleichen, das in der heutigen Zeit bereit ist, Flüchtlinge aufzunehmen, die aus einem Nachbarland vor einem Bürgerkrieg oder einer Naturkatastrophe in dieses Land geflohen sind.

Die Entbehrungen, die die Bevölkerung aus Solidarität auf sich nimmt, sind ein starker Ausdruck des zivilgesellschaftlichen Widerstands und der moralischen Stärke. In ihren regelmäßigen Berichten an die Präfektur in Valence formuliert die Gendarmerie immer wieder mit einer gewissen Verwunderung, dass die Bevölkerung große Opfer bringe, ohne die zahlreichen offiziellen oder klandestinen Flüchtlinge dafür verantwortlich zu machen. Die Gendarmerie von Dieulefit stellt fest, dass sich entgegen aller Erwartungen kein Schwarzmarkt entwickelt habe, und dass die wenigen Ansätze dazu durch die allgemeine öffentliche Geisteshaltung vereitelt worden seien. Sie notiert auch, dass die falschen Lebensmittelmarken,

---

danach fehlen sie. Service Historique de la Défense, Archives de la Gendarmerie, Château de Vincennes.

die in großer Anzahl im Umlauf seien, von den Lebensmittelerzeugern und dem Handel akzeptiert würden.

Hier wird deutlich, wie der zivilgesellschaftliche Widerstand wirkt, bei den Gegnern wie bei den Anhängern des Vichy-Regimes (selbst zu Beginn des Jahres 1944 gibt es noch Verteidiger des Vichy-Regimes). Diejenigen, die selbst keine Flüchtlinge beherbergen, wahren absolute Diskretion, wenn ihre Nachbarn Flüchtlinge aufgenommen haben. Als wäre in diesem ländlichen Umfeld die Gastfreundschaft heilig und stärker als alle Propaganda dagegen. Über alle internen Differenzen hinweg wehrt sich das Gemeinwesen, die Zivilgesellschaft in Dieulefit dagegen, die geplante Vernichtung des Anderen als unabänderliches Schicksal zu akzeptieren. Man könnte den »zivilen Widerstand« daher vielmehr als »Widerstand der Zivilgesellschaft« bezeichnen, weil es hier die Weigerung gibt, die Zerstörung der Zivilgesellschaft hinzunehmen. Genau das ist es, was die geretteten Personen empfunden haben: Selbst wenn sie unter Hunger und Restriktionen leiden mussten, wie ihre Retter auch, haben sie ihre Würde, ihren Stolz wiedererlangt (siehe dazu der Zeitzeugenbericht von Georges Springer, S. 145). Es sind diese »tausend Widerstandsakte«, die die Verfolgten und Geflüchteten durch einen »Schutzwall der Zivilisation« geschützt haben, um hier Emmanuel Mouniers Ausdruck zu verwenden.

Anders als Belgien hat Frankreich dem zivilgesellschaftlichen Widerstand keinen offiziellen Status zuerkannt. Die »stillen Helden« sind in Frankreich bisher wenig oder gar nicht von der »historischen« Résistance anerkannt, die ihre Widerstandskämpfer ehrt, dank ihrer Vereinigungen der ehemaligen Résistance-Kämpfer und Deportierten, dank der Museen oder Zentren zur Geschichte des Zweiten Weltkrieges (wie der Gedenkstätte in Vassieux-en-Vercors im Departement Drôme). Die *Gerechten Frankreichs*, diese vergessenen oder stillen Akteure, sind wichtiger Teil dieser Geschichte, wie Simone Veil das in ihrer viel beachteten Rede im Panthéon zur Ehrung der *Gerechten Frankreichs* formuliert: »In der Mehrzahl wart ihr ›gewöhnliche Franzosen‹. Städter oder Landbewohner, Atheisten oder Gläubige, jung oder alt, reich oder arm: Ihr habt diese Familien aufgenommen, den Erwachsenen Mut gemacht und den Kindern Zärtlichkeit gegeben. Ihr habt mit eurem Herzen gehandelt, weil die Bedrohung, die sie niederdrückte, euch unerträglich war. Ihr seid einer ungeschriebenen Verpflichtung gefolgt, die für euch Vorrang hatte vor allem anderen. Ehrungen habt ihr nicht gesucht. Umso mehr seid ihr es würdig, geehrt zu werden. (…)

Die *Gerechten Frankreichs* glaubten, die Geschichte nur erlebt zu haben. In Wahrheit haben sie Geschichte geschrieben. Von allen Stimmen des Krieges waren ihre Stimmen am wenigsten zu hören, man hörte kaum ein Murmeln, und selbst darum musste man oft noch inständig bitten. Es ist an der Zeit, ihnen zuzuhören. Es ist an der Zeit, ihnen unsere Dankbarkeit auszusprechen.« [42]

Die *Gerechten* von Dieulefit

Im August 2011 bekam Isaac Fabrikant von seinen Kindern und Enkeln eine Erinnerungsreise geschenkt, die ihn von Jerusalem nach Paris und Dieulefit führte.

Im Pariser Mémorial de la Shoah gedachte Isaac seiner Eltern, die deportiert und ermordet worden waren: Dies ist ein Teil der dunklen und tragischen Geschichte des 20. Jahrhunderts. Danach reiste er nach Dieulefit, um Henri Morin und dessen Familie im Gedenken die Ehre zu erweisen. Diese Familie hatte ihn im Oktober 1942 aufgenommen, nachdem er aus dem Lager Vénissieux gerettet worden war: Dies

42 Simone Veil: Rede im Panthéon (Paris), am 18. Januar 2007 (Auszug; Übersetzung durch d. Übers.).

ist ein Lichtstreifen in der Geschichte jener Zeit. Henri Morin, Industrieller, war eine bedeutende protestantische Persönlichkeit in Dieulefit, auf dessen Wort der Bürgermeister Pierre Pizot großen Wert legte. Er gehörte auch dem Rat des Departements Drôme innerhalb der Vichy-Regierung an. Dass er dieses Amt (eher ein Ehrenamt) als Gratifikation für eine diskrete Unterstützung des Marschalls bekommen haben könnte, ist durchaus denkbar. Aber das hielt Henri Morin nicht davon ab, einen jungen ausländischen Juden aufzunehmen, den ihm die OSE über Pastor Eberhard geschickt hatte. Henri Morin ist einer der ersten *Gerechten*, die von Israel ausgezeichnet worden sind, dank der frühen Initiative seines ehemaligen Schutzbefohlenen.

Bei seinem Besuch in Dieulefit traf Isaac Fabrikant François, Jean und Christine Morin, Henris Kinder, die damals für Isaac wie Geschwister waren. Zum Abschluss seines Besuchs ging er ins Rathaus und entdeckte die Plakette, die 2008 zu Ehren der *Gerechten* von Dieulefit angebracht worden war. Kurz danach äußerte er bei einem Treffen mit der Bürgermeisterin, diese Plakette solle größer sein und deutlicher sichtbar außen angebracht werden. Einwohner und Besucher sollten so von der bewundernswerten Haltung der Bevölkerung in den Jahren 1940–1945 und der Zivilcourage erfahren, die der Region Seele und Identität verleihe.

Jean Morin (links), der älteste Sohn von Henri Morin (1965 als *Gerechter unter den Völkern* geehrt), zeigt Isaac Fabrikant (mit Kippa) die Plakette der *Gerechten* von Dieulefit in der Eingangshalle des Rathauses. 22. August 2011. [Foto: private Sammlung.]

Zum Wandel der Erinnerungskultur

Der Rettungswiderstand in Dieulefit und im Kanton entwickelte sich aus einer anfänglichen Haltung der Dissidenz und der Empörung; in einem nächsten Schritt trafen viele Einwohner die Entscheidung, behördliche Anweisungen nicht zu befolgen; damit gingen sie den Schritt in die Illegalität und den Widerstand, ohne dass dabei immer Einmütigkeit herrschte. Bemerkenswert ist, dass die Menschen, die diese Entwicklung nicht mitvollzogen, seien sie nun Vichy-Anhänger gewesen oder nicht, sich nicht zu Denunziationen verleiten ließen und es nicht zuließen, dass die Grundlagen der Zivilgesellschaft zerstört wurden. Genau dies haben die geretteten Personen auch empfunden: Selbst wenn sie – wie ihre Retter auch – unter Hunger und Restriktionen leiden mussten, so hatten sie doch ihre Würde und ihren Stolz wiedererlangt.[43] Es waren diese »tausend Widerstandsakte«, die die verfolgten und geflüchteten Menschen wie einen »Schutzwall der Zivilisation« umgaben, um einen Ausdruck von Emmanuel Mounier aufzugreifen.[44]

Lange Zeit antworteten die Bewohner aus Dieulefit und Umgebung in Interviews, wenn sie zu den Kriegsjahren, den Rettungen und den Widerstand befragt wurden, dass diese Menschen während des Krieges schlicht nur ihre Pflicht taten, zumindest diejenigen, die »auf der richtigen Seite« gestanden hätten. Streng verurteilten sie jedes Zugeständnis an Marschall Pétain und seine Politik, und sie zögerten nicht, Oberst Pizot als »Vichy-Bürgermeister« anzuprangern. Diese Einstellung beschreibt und kommentiert auch Michel Schilovitz

43 Im *Goldenen Buch* von Beauvallon findet man zahlreiche Einträge dieser Art, sowohl von Kindern als auch von Erwachsenen. Siehe dazu Bernard Delpal: *L'Album de Beauvallon. Fondation et période historique de l'École (1929–1945)*. Un Comptoir d'édition 2014, Neuauflage 2016, S. 220–238.

44 Zitat aus Mouniers Beileidsbrief anlässlich des Todes der Mutter von Émile Dourson. Archives des Amis de Beauvallon, 1945.

in seinen *Mémoires* und in seinen beiden Radiosendungen von 1988 in *France Culture*. Das Buch *Dieulefit et son histoire*,[45] das in den 1980er Jahren in Dieulefit als *das* Standardwerk zur Geschichte der Stadt galt, widmet der Zeit des Zweiten Weltkrieges nur vier (von 308) Seiten: Es gibt eine halbe Seite über die Aufnahme der Flüchtlinge, eine Seite über die Kämpfe während der Befreiung, und es enthält eine lange Liste der nach Dieulefit geflüchteten Künstler und Intellektuellen, wobei der Eindruck erweckt wird, diese seien die Seele der Résistance gewesen.

Seit dem Ende des 20. Jahrhunderts wird dank neuerer Forschungen von Historikern neben der bis dahin anerkannten Résistance (Widerstandsgruppen des Maquis, bekannte Netzwerke und Organisationen vor allem des bewaffneten Widerstands) auch der »zivile« Widerstand als Widerstand identifiziert und in seiner Bedeutung anerkannt.

Für diesen Paradigmenwechsel sind zwei Beiträge von Bedeutung: die Ausstellung des Museums in Valence im Jahr 1991 über die nach Dieulefit geflüchteten Künstler und Intellektuellen[46] und das kurze Zeit später erschienene Buch von Sandrine Suchon: *Résistance et liberté – Dieulefit 1940–1944* mit einem Vorwort von Pierre Bolle.[47]

---

45 *Dieulefit et son histoire.* Aubenas: Curandera 1981. Die Autoren des Buches (ohne Autorenangabe) sind Jacques de Font-Réaulx, Archivar des Departements Drôme, Léo Bertrand und Marguerite Pizot-Monnier (Ehefrau von Oberst Pizot), alle sind Angehörige »alteingesessener Familien aus Dieulefit«. Das Kapitel über den Krieg 1939–1945 wurde von Jeanne Barnier verfasst.

46 Vgl. dazu auch Bernard Delpal (Hrsg.): *Warten auf die Freiheit / En attendant la liberté.* Éditions PMH. Solingen und Dieulefit 2013, 322 S. Zweisprachiger Katalog zur gleichnamigen Ausstellung über Kunst im Widerstand, die Künstler und ihre – manchmal überraschenden – Beziehungen zur Aufnahmegesellschaft.

47 Ausstellung und Katalog: *Les artistes réfugiés à Dieulefit pendant la Seconde Guerre mondiale.* Sandrine Suchon: *Résistance et liberté – Dieulefit 1940–1944.* Éditions A Die 1994, unveränd. Neuauflage: PUG 2010.

Das einsetzende Interesse an den *Gerechten* leitet eine neue Phase der Forschung ein. In diese neueren Forschungen des beginnenden 21. Jahrhunderts und die aktuellen Debatten über zivilgesellschaftlichen Widerstand, die Rolle der Gesellschaft, die Konstruktion von individueller und kollektiver Erinnerung ist auch die Bevölkerung stark eingebunden.

Im Jahr 2008 entscheidet die neu gewählte Gemeindevertretung in Dieulefit, in der Eingangshalle des Rathauses eine Gedenktafel mit den Namen der *Gerechten* von Dieulefit (zum damaligen Zeitpunkt sieben Personen) anzubringen. Zum ersten Mal werden hier im öffentlichen Raum die Menschen mit Namen genannt, die von Yad Vashem geehrt worden sind, weil sie Juden gerettet hatten. Die Initiative stößt auf breites Interesse. Sie steht im Kontext der viel beachteten Rede Simone Veils vom 18. Januar 2007 im Panthéon anlässlich der feierlichen Aufnahme der *Gerechten Frankreichs* in diesen republikanischen Tempel. Während dieser Zeremonie wurden eine Fotoinstallation und ein Film von Agnès Varda gezeigt. Diesen neunminütigen Film mit dem Titel *Les Justes* hatte Agnès Varda im Oktober 2006 in Dieulefit, Bourdeaux und Umgebung gedreht, mit zahlreichen Bewohnern beider Städte (vor allem mit den Nachkommen der Pastoren Sabliet und Cadier).[48] Bourdeaux und Dieulefit werden darin ein bisschen unterschwellig zu »Städten der Gerechten« ernannt.

Der Film löst in der Folge eine Art Faszination für die »Gerechten« aus und weckt das große Interesse der französischen und ausländischen Medien. Im Jahr 2010 wird vor Ort an verschiedenen Schauplätzen zwischen dem Rathaus Dieulefit und der Schule von Beauvallon ein Dokumentarfilm gedreht, den der Senat in Auftrag

48 Hinweis von Agnès Varda anlässlich der öffentlichen Filmvorführung im Oktober 2014 in Bourdeaux vor großem Publikum. Vgl. *Le Dauphiné libéré* vom 3. Oktober 2014.

gegeben hat und der mehrmals gesendet wird. Er trägt den Titel *Dieulefit, village des Justes.*[49] Er löst eine Reihe von Presseartikeln in der regionalen und nationalen Presse aus. Wochenzeitschriften greifen das Thema auf; das führt zu teilweise überzogenen Darstellungen, die schwer zu kontrollieren sind: 3.000 Einwohner hätten 1.500 Flüchtlinge gerettet, die dann auch schon mal zu 1.500 jüdischen Flüchtlingen werden. Die darauf folgenden Klarstellungen und Protestschreiben an die Journalisten und den *Conseil Représentatif des Institutions juives de France* (CRIF)[50] haben alle Mühe, die Fakten richtigzustellen und dafür zu sorgen, dass diese anerkannt bleiben. Das mediale Interesse bringt einige Bewohner Dieulefits auf die Idee, eine neue Delegation anzuregen, die in Yad Vashem (Jerusalem) beantragen soll, Dieulefit die Auszeichnung *Dorf der Gerechten unter den Völkern* zu verleihen, nach dem Beispiel des Dorfs Le Chambon-sur-Lignon, von dem es hieß, ihm sei bisher als einzigem Ort in Frankreich dieser Titel zuerkannt worden.[51] Es wird schließlich eine Delegation gebildet, zu der auch Françoise Meyer gehört, die als Kind in Dieulefit versteckt und gerettet worden war, ebenso Charlotte Wardi, die als junges Mädchen von Montélimar aus nach Auschwitz deportiert worden war und überlebt hat, und Robert Mizrahi, Delegierter von Yad Vashem für die südfranzösischen Departements, der Dieulefit und die Drôme sehr gut kennt. Die kleine Delegation wird am 28. November 2011 in Jerusalem von Irena Steinfeldt empfangen, der Verantwortlichen in Yad Vashem für die Antragsverfahren zur Anerkennung von *Gerechten* in Frankreich. Die Delegation trägt ihr vor, dass in Dieulefit, wo viele Flüchtlinge,

---

49 *Dieulefit, village des Justes* (Deutsch: Dieulefit, Dorf der Gerechten) Film (59 Min.), realisiert von Zoulou Compagnie (Paris), ausgestrahlt im Fernsehsender LCP – *La Chaîne parlementaire Assemblée nationale.*

50 Deutsch: Repräsentativer Rat der Jüdischen Institutionen in Frankreich (Anm. d. Übers.).

51 Vgl. Patrick Cabanel: *Histoire des Justes en France.* Arman Colin 2012, S. 186.

darunter auch jüdische Erwachsene und Kinder, gerettet worden waren, bis dahin lediglich neun *Gerechte* anerkannt worden seien, was die Vorbildlichkeit des Rettungswiderstands in diesem Ort nicht adäquat widerspiegele. Die Stadt bitte daher darum, dass ihr nach dem Beispiel von Le Chambon-sur-Lignon ebenfalls als Gemeinde kollektiv der offizielle Titel *Gerechte* verliehen werde. Irena Steinfeldt antwortet mit einer deutlichen Klarstellung: Es habe niemals eine »kollektive« Auszeichnung gegeben, wie man zu oft fälschlicherweise annehme, weder in Le Chambon-sur-Lignon (das sich den Titel zugeschrieben habe ohne irgendeine Anerkennung durch Yad Vashem) noch anderswo. Eine kollektive Auszeichnung ist nach israelischem Gesetz von 1953 nicht erlaubt. Entsprechend dem Wortlaut des Gesetzes kann die Auszeichnung *Gerechte unter den Völkern* nur einer natürlichen Person verliehen werden, und nur, wenn eine persönliche Beziehung zwischen den Zeugen (mindestens zwei davon Juden) und ihrem Retter (unter der Bedingung, dass er selbst nicht Jude ist) nachgewiesenen ist.

Nach dieser Episode verändert sich das Interesse an den *Gerechten* in Dieulefit, ohne aber geringer zu werden. Da die Rettungen das Ergebnis eines gemeinschaftlichen widerständigen Handelns waren, sollte die Zivilgesellschaft als solche in ihrer Gesamtheit gewürdigt werden, ohne dass dabei die unterschiedlichen Einstellungen der einzelnen Beteiligten, etwa zum Vichy-Regime, zur Dissidenz und zur Verweigerung des Zwangsarbeitsdienstes STO, unter den Tisch gekehrt werden sollten. Das Ansehen der anerkannten *Gerechten* wird dadurch nicht geschmälert, aber sie bekommen eine symbolische Funktion. Zwei Faktoren tragen zu dieser Entwicklung bei: Das Interesse der deutschen Medien (Zeitungen, Fernsehen, Kino) am Dieulefit der 1940er Jahre und die Feierlichkeiten zum 70. Jahrestag der Befreiung Frankreichs.

Die große Wochenzeitung *DIE ZEIT* vom 12. Februar 2015 widmet ihr Dossier dem zivilgesellschaftlichen Widerstand in Dieulefit und der Rettung der Geflüchteten; darin geraten zum Teil alle Kategorien durcheinander, ohne dass aber die Rettung von Juden aufgebauscht würde.[52] Die Zeitzeugen (Gerettete und ihre Retter) kommen selbst ausführlich zu Wort. Die verantwortliche Redakteurin Tanja Stelzer war von der Relevanz des Themas und Richtigkeit des dargestellten Sachverhalts überzeugt: Sie hatte historische Bücher zum Thema gelesen und den Film *Sam et Jacky*[53] gesehen, der in Frankreich in *FR3* und in Deutschland in *ARTE* mit deutschen Untertiteln gezeigt worden war. Das Dossier der *ZEIT* löste ein großes Medienecho in Deutschland, Österreich und Frankreich aus und war der Anfang einer ganzen Reihe weiterer Initiativen. In der Folge entstanden unter anderem eine Sendereihe in *Fokus-Europa* des deutschen Radiosenders *Deutsche Welle* zum Thema *Widerstand in Europa*[54] und ein in *ARTE* ausgestrahlter Dokumentarfilm mit dem Titel *Stille Retter*; historischer Berater war Jacques Semelin.[55] Angesehene und preisgekrönte Journalisten widmeten der Rettung von Flüchtlingen in Dieulefit eigene Sendungen oder ganze Serien; sie recherchierten vor Ort und trafen überlebende Zeitzeugen.

---

52 Das Dossier mit dem Titel: *Das geschenkte Leben*, in: *DIE ZEIT* vom 12. Februar 2015 umfasst drei volle Seiten. 640.000 Exemplare wurden verkauft.

53 *Sam et Jacky*. Dokumentarfilm von Jean-Christian Riff (55 Min.), Dezember 2013. Koproduktion: PMH (*Patrimoine, Mémoire et Histoire Dieulefit*), VMP (*Voir Media Productions*), *FR3-Rhône-Alpes/France Télévision*. Der Film war eine Auftragsarbeit für *FR3* und sollte im Rahmen des Programmschwerpunkts zur Würdigung des zivilen Widerstands anlässlich des 70. Jahrestags der Befreiung Frankreichs gezeigt werden (etwa im Geist der französischen Erfolgsserie *Le village français*).

54 Zu sehen unter https://www.dw.com/de/frankreich-die-widerst%C3%A4ndler/av-18419719.

55 *Stille Retter*. Dokumentarfilm von Christian Frey und Susanne Wittek (52 Min.), Deutschland 2016. In Frankreich in *ARTE* am 24. Januar 2017 zur besten Sendezeit ausgestrahlt. Susanne Wittek (Hamburg) bereitete die Sequenz, die in Dieulefit gedreht wurde, selbst im Mai 2016 vor Ort vor. In Deutschland wurde der Film 2017 mehrmals gesendet.

Beachtenswert sind die Artikel und Radiosendungen des Historikers und Politikwissenschaftlers Hans Woller über Dieulefit oder die Arbeiten von Susanna Dörhage, die für die Filmproduktionsgesellschaft *Zebra Production* den Film *Das Wunder von Dieulefit* realisierte.[56] Diese schriftlichen oder audiovisuellen Arbeiten würdigen den zivilgesellschaftlichen Widerstand gegen das Vichy-Regime und die Besatzer (Italiener oder Deutsche), die Entschlossenheit der Bewohner, die Rolle der Frauen, die Solidarität der gesamten lokalen Gesellschaft für die Geflüchteten über alle Divergenzen hinweg.

Hier muss noch die Rolle des *Foyer International d'Études Françaises* (FIEF) im mittelalterlichen Dorf Châteauneuf-de-Mazenc, das zur Gemeinde La Bégude-de-Mazenc gehört, erwähnt werden. Diese Kultureinrichtung wurde 1961 von Ernst Jablonski (1913–1988)[57] gegründet. Dieser große deutsche Pädagoge war 1933 aus dem nationalsozialistischen Deutschland geflohen, wo er als Jude und Kommunist in zweifacher Hinsicht bedroht war. Er flüchtete zunächst nach Paris und schloss sich dann im besetzten Frankreich dem Widerstand (MOI)[58] an. 1947 war er einer der Gründer der *Fédération internationale des communautés éducatives* (FICE). Er, der sich selbst seit vielen Jahren an der Reformpädagogik orientierte, interessierte sich sehr für die Schule von Beauvallon, und mit Hilfe von

56 Hans Woller für den *Deutschlandfunk*: *Dieulefit – Refugium in Zeiten der Barbarei.* 2013 und 2016.
Susanna Dörhage: *10. Juli 1940 – Das »Wunder von Dieulefit« beginnt.* Zebra Production, Reportage und Film für die *Deutsche Welle*, 2015. Der Film ist zu finden unter https://www.zebra-production.com.

57 Ernst Jablonski nahm 1943 in Frankreich, nachdem er gefangen genommen worden war und flüchten konnte, den Namen Ernest Jouhy an, der auch in seinen falschen Papiere steht und unter dem er vor allem in Deutschland bekannt ist (Anm. d. Übers.).

58 Die MOI (*Main-d'œuvre immigrée*) gehörte zur Widerstandsorganisation FTP *Francs-tireurs et partisans*. Sie bestand hauptsächlich aus Immigranten (Anm. d. Übers.).

Marguerite Soubeyran kaufte er 1956 das ehemalige Pfarrhaus im alten Châteauneuf. Dort realisierte er sein Projekt FIEF, das er zu einem Ort der Bildung und einer deutsch-französischen Begegnungsstätte für deutsche und französische Jugendliche ausbaute. Das FIEF sollte durch kulturellen Austausch, gegenseitiges Kennenlernen und den gemeinsamen Willen, ein geeintes Europa zu schaffen, eine Stätte der Versöhnung werden. Mehr als ein halbes Jahrhundert später finden im FIEF noch immer Seminare und Fort- und Weiterbildungsveranstaltungen statt, die oft von deutschen Organisationen (Gewerkschaften, Universitäten, Organisationen der beruflichen Bildung) geplant und durchgeführt werden. Im April 2016 beschäftigte sich ein Wochenseminar mit dem Thema Widerstand und Widerständigkeit als Prinzip der Erziehung und Bildung. Die Geschichte Dieulefits und insbesondere die Geschichte der Schule von Beauvallon wurden als exemplarisches Beispiel für zivilgesellschaftlichen Widerstand vorgestellt; dies ist also ein Thema, das die Besucherinnen und Besucher weiterhin sehr interessiert.[59]

Die nächste Etappe im Wandel des kollektiven Gedenkens setzt mit der Diskussion um ein Denkmalprojekt zu Ehren des zivilen Widerstands ein. Nach einem Aufruf der nationalen Kommission zum 70. Jahrestag der Befreiung Frankreichs unter Vorsitz von Jean-Pierre Azéma bildet sich eine Arbeitsgruppe von Historikern, die ausgewiesene Experten für die Themen Résistance und Kollaboration sind. Sie sollen einen Ort bestimmen, der symbolisch für den zivilgesellschaftlichen Widerstand stehen kann. Nach eingehender Beratung und anschließender Abstimmung wird mit großer Mehrheit Dieulefit vorgeschlagen. Unter den Befürwortern des Standorts Dieulefit sind Jacques Semelin, Jean-Marie Guillon, Laurent Douzou

59 *Widerstand und Bildung. Ein Seminar im FIEF.* 2.–9. September 2016. Dazu Textsammlung auf Deutsch, 133 S., mit Quellen, Zeitzeugenberichten, Interviews und Untersuchungen sowie einer Bibliografie.

und Gilles Vergnon, die sich aus unterschiedlichen Motiven und Gründen schon vorher für Dieulefit interessiert hatten. Jacques Semelin stellt das Bewerbungsdossier zusammen. Er legt den Schwerpunkt auf die »gewöhnliche, zivile Rettung durch die Bevölkerung« und umgeht so die Diskussion über eine eventuelle Überbetonung der Rolle der *Gerechten*. Diese Arbeit mündet in der politischen Entscheidung der Stadt Dieulefit und des Departements, mit Unterstützung des Präsidialamts der Republik ein Denkmal zu Ehren der Bevölkerung zu errichten, ganz im Sinne der Rede Simone Veils im Panthéon. Mit der Realisierung des Denkmals wird der Künstler Ivan Theimer beauftragt, der 1969 als tschechischer Flüchtling in den Landkreis Dieulefit gekommen war. Die künstlerische Konzeption nimmt Bezug auf Pierre Emmanuel, dessen berühmt gewordenes Zitat »Dieulefit, wo niemand ein Fremder ist«[60] in der Mitte des Denkmals steht.

Das Denkmal wird am 31. Oktober 2014 im Beisein politischer und militärischer Repräsentanten, in Anwesenheit von Jean Clair und vor großem Publikum feierlich eingeweiht. Der Text auf einem Gedenkstein neben dem Denkmal präzisiert:

»In den düsteren Jahren haben [die Bewohner] tatkräftigen Widerstand gegen die Nazibesatzer und die französische Kollaborationsregierung geleistet. Einigen unter ihnen wurde die Auszeichnung *Gerechter unter den Völkern* vom Staat Israel und Yad Vashem verliehen. Dieses Denkmal, das zur Würdigung der Flüchtlinge und der Bevölkerung errichtet wurde, deren Verhalten mutig und beispielhaft war, erinnert zukünftige Generationen daran, dass der Landkreis Dieulefit seit seiner langen Vergangenheit ein Ort des Willkommens und der Toleranz ist.«

60 Pierre Emmanuel: *Qui est cet homme ou le Singulier universel.* 1947 (Neuauflage 1970), S. 331.

Denkmal für den zivilen Widerstand in Dieulefit.

Auf diese Weise wird der zivile Widerstand benannt und anerkannt, ohne dass eine Religion oder eine politische Richtung ihn für sich reklamieren könnte, wobei die *Gerechten* erwähnt werden, ohne ihnen aber eine herausragende Stellung zuzuweisen. Der Widerstand von Dieulefit wird schließlich in eine lange Geschichte eingeordnet, in der das Erinnern an eine hier gelebte Toleranz während der religiösen Verfolgungen des 17. und 18. Jahrhunderts ebenfalls seinen Ort finden kann. Mehr als ein Jahr später, nach dem Mordanschlag, der einen großen Teil der Belegschaft der Zeitung *Charlie Hebdo* ausgelöscht hatte, versammelte sich spontan eine große Menschenmenge, darunter auch sehr viele Kinder der Schule von Beauvallon (ITEP),[61] dicht gedrängt um das Denkmal, um ihre Solidarität mit den Opfern

61 ITEP: *Institut Thérapeutique Educatif et Pédagogique*: Die Schule von Beauvallon ist heute eine therapeutische und pädagogische Einrichtung für Kinder und Jugendliche mit besonderen Problemlagen (Anm. d. Übers.).

Detail aus dem mittleren Teil des Denkmals von Dieulefit: Das Zitat von Pierre Emmanuel zwischen den Kindern (Gerettete und Retter) und dem Nest, dem Symbol des Lebens und des Willkommens. [Foto: private Sammlung.]

auszudrücken und der dschihadistischen Barbarei gemeinsam und entschlossen entgegenzutreten. So hat sich das Denkmal in den öffentlichen Raum und zugleich ins individuelle Bewusstsein eingeschrieben. 71 Jahre später wird hier eine Brücke geschlagen zwischen dem zivilgesellschaftlichen Widerstand zur Zeit der deutschen Besatzung und dem Widerstand des 21. Jahrhunderts gegen den Terrorismus.

Abschließend ist festzuhalten, dass dieser Überblick die Fragen, die sich heute stellen, bei weitem nicht erschöpfend behandeln kann.

Auf dem Platz des Denkmals am 11. Januar 2015. Inmitten der Menschenmenge bekunden die Kinder von Beauvallon ihre Solidarität mit *Charlie Hebdo*. Mit der Wahl des Platzes um das Denkmal schaffen sie so eine lebendige Brücke von der Gegenwart (siehe ihr Plakat) zur Vergangenheit (zur Zeit des Zweiten Weltkrieges und der deutschen Besatzung). [Foto: private Sammlung.]

Wurde in Dieulefit ein Gedenken auf Kosten der Geschichte konstruiert?[62] Der Konflikt zwischen Erinnern und Geschichte: Wurde er hier zum Verschwinden gebracht? Man könnte vorsichtshalber vorschlagen, wie Sébastien Ledoux das tut, im »Fall Dieulefit« die Auswirkungen national verbreiteter Handlungsanweisungen zu erkennen, wie »die Pflicht zur Erinnerung«, »die Pädagogik des guten Beispiels für die jungen Generationen«, die Rolle der Frauen im zivilen Widerstand.[63] Die Dynamik des Diskurses und der Erinnerungskultur ist auch bedingt durch die jeweilige Aneignung der Thematik.[64] Keine Anschauung, keine Denkschule, kein Empfinden bleibt davon unbeeinflusst. Die Persönlichkeiten Marguerite Soubeyran, Jeanne Barnier, Simone Monnier, Catherine Krafft werden stark verehrt, und dieses zunächst lokale Phänomen nimmt zunehmend auch eine nationale Dimension an.[65] Spannend ist auch

62 Unmittelbar nach der Befreiung schreibt Andrée Viollis: »Dieulefit hat gar keine Geschichte, zumindest keine tragische, und genau das macht das Wunder aus.« Ihre oft zitierte Deutung kann zum Konzept der *non-histoire* (Nicht-Geschichte) führen, wenn eine »Banalisierung des Guten« stattfindet. Zitiert nach: Andrée Viollis, Typoskript, Oktober 1944.

63 Sébastien Ledoux: *Le devoir de mémoire. Une formule et son histoire.* Paris: CNRS (Hrsg.) 2016, S. 243ff. Der Autor untersucht die Bedeutung der Phänomene: »diffusion« (Verbreitung), »propagation« (Propagierung), »dispersion« (Ausbreitung) im sozialen Feld.

64 Davon zeugt beispielsweise, dass die Studierenden der Universitätsfakultäten in Valence (Dépendance der Université Grenoble Alpes UGA) ihre Universität mit einem deutlichen Mehrheitsvotum nach Marguerite Soubeyran benannt haben. *Le Dauphiné libéré,* April 2016.

65 Siehe dazu Laurent Douzou: *La Résistance française, une histoire périlleuse.* Paris: Seuil 2005 (Coll. Points Histoire), S. 238. Im Schlusskapitel ihrer Dissertation schreibt Cindy Biesse: »Die Rettungen sind in erster Linie die Sache der Frauen, die allein handeln oder innerhalb ihrer Familie.« C. Biesse, in: *Les Justes parmi les Nations de la région Rhône-Alpes: étude prosopographique.* Dissertation zur Erlangung des Doktortitels der Geschichte. Universität Lyon 3-Jean Moulin, verteidigt im Dezember 2015.

die Dynamik zwischen individueller und kollektiver Erinnerung.[66] Wissenschaftler (wie aktuell Cindy Biesse) verweisen in diesem Zusammenhang immer wieder auf die besonderen sozialen Gegebenheiten: Die Rettungen sind weit weniger das Resultat individueller Beziehungen und individuellen Verhaltens als vielmehr das Ergebnis strategischen Handelns in Netzwerken, die als Gruppen, Organisationen und geschlossene Zirkel handelten. Der »Fall Dieulefit« lädt dazu ein, ein wenig Abstand von der Vorstellung der sehr »persönlichen und individuellen« Rettungen zu nehmen, die Yad Vashem (Jerusalem) in der Tendenz vertritt und die auch auf der französischen Internetseite von Yad Vashem deutlich wird. Abschließend ist festzuhalten, und das zeigen die Beispiele der beiden Schulen La Roseraie und Beauvallon auf überzeugende Weise, dass es vielfältige Übergänge gab und eine starke Durchlässigkeit zwischen der Aufnahme von Flüchtlingen, ihrer Rettung, der Weigerung, Anordnungen zu befolgen, und der organisierten Résistance, ja auch des bewaffneten Widerstands, und das erklärt zumindest teilweise das »Wunder« von Dieulefit und seine zunehmende Berühmtheit.[67]

---

66 »Ist Erinnerung immer individuell?«, fragt Olivier Abel in Anlehnung an Paul Ricœur. In: *La conversation de l'histoire et de la mémoire (à partir de Paul Ricœur).* In: Patrick Cabanel, Philippe Joutard, Jacques Semelin, Annette Wieviorka (Hrsg.): *La Montagne Refuge…* Paris: Albin Michel 2013, S. 280–281.

67 Clara Malraux: *Le bruit de nos pas (VI)… Et pourtant j'étais libre.* Paris: Grasset 1979, S. 185. Die ehemalige Geflüchtete schwärmt von der Unterstützung, die der Maquis von jüdischen wie nichtjüdischen Jugendlichen von Beauvallon bekommen habe.

Fazit: »Wir mussten es tun«

Der Landkreis Dieulefit ist nicht der einzige in Südfrankreich, der Flüchtlingen, Ausländern, Menschen, die sich verstecken mussten, und französischen und nichtfranzösischen Juden Schutz bot und ihnen half, die düsteren Jahre der Kollaboration und der Verfolgung zu überstehen. Was ihn aber offensichtlich von den anderen unterscheidet, ist die Art und Weise, wie die Aufnahme und der Schutz der Flüchtlinge in Dieulefit und Umgebung organisiert worden sind.

Die Geflüchteten selbst suchten eine Erklärung für das, was ihnen bei der Befreiung wie ein »Wunder« vorkam. Ihre erste Erklärung war, dass dieses »Wunder« der Einmütigkeit und dem sozialen Zusammenhalt der Bewohner zu verdanken sei. Die schriftlichen und mündlichen Berichte der Zeitzeugen, die unmittelbar nach der Befreiung entstanden sind, betonen diesen Aspekt besonders: Es habe keine Denunziation, keine »undichte Stelle« gegeben. Wie Henri Springer, ein junger deutscher Flüchtling, sehr genau beobachtet, sei dieser kleine Landkreis eine Insel des Friedens gewesen, in dem noch nicht einmal falsche Papiere notwendig gewesen seien (außer für den Bezug von Lebensmitteln), wo jede oder jeder er oder sie selbst sein konnte, ohne sich verstecken zu müssen, wo man, ohne beschämt zu werden, leben konnte. Sein Zwillingsbruder Georges reflektiert das 54 Jahre später folgendermaßen:

»Wir fragen uns: Warum Dieulefit? War die Region vorbereitet durch das protestantische Erbe, das mehr als die Hälfte der Bevölkerung hatte? Durch seine religiöse Kultur? Seine Erinnerung an die religiösen Verfolgungen nach der Aufhebung des Edikts von Nantes? Hatte die katholische Minderheit durch das Zusammenleben mit den Protestanten gleichwohl Toleranz, Diskretion und Solidarität gelernt? Auch die republikanische Tradition der Aufständischen des

2. Dezembers 1851[68] hat die Region geprägt, was die große Zahl der kommunistischen Sympathisanten erklärt, die ebenfalls tolerant waren. Darf ich meine ganz persönliche Erklärung formulieren? Meine Familie war verfolgt und hat Mitgefühl und Hilfe erfahren. Könnte man sagen, der Widerstand in Dieulefit entstand aus dem Zusammentreffen einiger *Gerechter* und einer besonderen soziologischen Zusammensetzung der Bevölkerung?«[69]

Diese Erklärung mit Bezug auf die Religionssoziologie, die Geschichte und frühere Verfolgungserfahrungen lässt aber die Frage offen, welche Prozesse und Entwicklungen zu eben diesem sozialen Zusammenhalt geführt haben, der seit 1944 immer wieder hervorgehoben wird. Wenn man das Verhalten der an der Rettung und Hilfe maßgeblich beteiligten Personen genauer betrachtet, stellt man fest, dass am Anfang oft eine individuelle Ablehnung der Kollaboration und der sogenannten »Nationalen Revolution« stand, wie das bei Jeanne Barnier der Fall war. Der Schritt von der Dissidenz zum zivilen Ungehorsam ist kein einfacher Schritt: »Es ist schwierig, über Jahre hinweg legales Handeln beim Ausüben des Berufs einerseits und illegales Handeln andererseits, Gesetzestreue einerseits und die Weigerung, Anordnungen zu befolgen, andererseits, miteinander zu vereinbaren und gegen die alltägliche eigene Angst zu handeln.« Dieser Gedanke der Rathaussekretärin hilft, das Verhalten der Gendarmen, der Lehrer und Erzieher, der Postbeamten, auch das des Bürgermeisters zu verstehen. Sich den Anordnungen zu widersetzen war nicht leicht. Und es war ganz

68 Der Aufstand des 2. Dezembers 1851: Napoleon III. hatte am 2. Dezember 1851 die Verfassung außer Kraft gesetzt. Daraufhin gab es blutige Proteste im ganzen Land. Napoleon III. ließ sich am 2. Dezember 1852 zum Kaiser ausrufen. Das war das Ende der II. Republik (Anm. d. Übers.).

69 Georges Springer, in: Études drômoises 1998, Nr. 3–4, S. 6.

offensichtlich gefährlich. Es wäre falsch, 70 Jahre später die Bedeutung dieser vielfältigen Akte zivilen Ungehorsams herunterzuspielen, die anfänglich noch diffus waren, dann aber ab Ende 1942 zunehmend kohärenter, besser geplant und koordiniert wurden. Die, die so handelten, nahmen Risiken auf sich, auch wenn sie versuchten, den Schein zu wahren. Sie setzten sich der Gefahr von Denunziation, polizeilichen Untersuchungen und der entfesselten Miliz aus (die im Frühjahr 1944 mordete). Der Gendarm Cesmat bezahlte im Juni 1944 mit seinem Leben, dass er Menschen diskret, aber wirksam unterstützt hatte, die an der Rettung von Flüchtlingen und Untergetauchten beteiligt waren.

Diese individuellen Verweigerungen und das ständige Hintertreiben der Kollaborationspolitik und der rassistischen Säuberungsversuche führten nach und nach zur Bildung von Netzwerken; mit der Zeit entstanden richtige Organisationen: Zum Schutz von Kindern und Jugendlichen, zum Schutz von geflüchteten Deutschen, die gesucht wurden, zur Unterstützung der Verweigerer des Zwangsarbeitsdienstes STO. Mehrere Maquis wurden gebildet; die für die Fallschirmabwürfe Verantwortlichen bekamen Hilfe beim Weitertransport der abgeworfenen Waffen und Waren; die Kämpfer im Untergrund wurden unterstützt (einschließlich der Agenten der Nachrichtendienste). Aber vor allem schafften alteingesessene Bewohner und hinzugekommene Geflüchtete das Unwahrscheinliche, nämlich im gemeinsamen Alltagsleben zusammenzuwachsen:

»Nach einigen Monaten gab es im alltäglichen Leben keinen Unterschied mehr zwischen den Geflüchteten und den alteingesessenen Bewohnern Dieulefits; sie teilten die gleichen Schwierigkeiten, sie versuchten, die gleichen Probleme zu bewältigen: Lebensmittelbeschränkungen, Mangel an Kleidung, Schuhen, Heizmaterial, nicht endende Schlangen vor halbleeren Läden usw.

Das Leben bestand in der geteilten Erfahrung von Unruhe und Angst, aber auch in der geteilten Hoffnung, eines Tages die deutsche Niederlage und die Rückkehr der Gefangenen zu erleben.

Gemeinsam träumten wir von einem Leben »wie vorher«, von Freiheit, von der Möglichkeit, über alles sprechen zu können, egal, wo man gerade war, auch von einem echten Kaffee, einem Stück Fleisch, frischem Weißbrot, so viel man wollte, und Butter auf dem Brot.« [Jeanne Barnier, persönliche Aufzeichnungen.]

Sie schreibt weiter: »Die Liebe zur Freiheit stand am Anfang meines Handelns im Widerstand, und meine berufliche Position in der Verwaltung eröffnete mir viele Möglichkeiten.« Hier wird deutlich, wie der Übergang von der Weigerung, Anordnungen zu befolgen (oder der Dissidenz), zum Widerstand vollzogen wird: Es ist der Schritt in die Illegalität, zu gemeinsamen Aktionen mit anderen, zur bewussten Bereitschaft, um höherer Werte willen Risiken einzugehen: Freiheit, menschliche Würde, Solidarität, die Nähe zum Anderen, Fürsorge für die Verfolgten. Bei der Verleihung der Medaille der *Gerechten* spricht Jeanne Barnier rückblickend noch einmal über die Gebote und Entscheidungen, die handlungsleitend für sie selbst und die Bewohner Dieulefits insgesamt waren:

»Niemand von uns hat das nationalsozialistische Drama vergessen, das immer erbarmungsloser wurde, aber auch den Widerstand nicht, den viele von uns leisteten; wir haben auch nicht vergessen, dass die Menschen in Dieulefit während dieser harten Probe ihre Würde bewahrt haben. Bedeutender als unser Handeln waren die Gründe für die Entscheidungen, die wir getroffen haben. Wir wollten uns nicht an der Ungerechtigkeit und den Verbrechen beteiligen; unsere Antwort auf den Hass sollte die Liebe zu unseren Nächsten und die Achtung ihrer Menschenwürde sein. Bei allem, was wir taten, waren das Zögern, der innere Kampf, die Schwäche, die Sorge, die Angst unsere ständigen Begleiter. In Frankreich bedeutete das vor 1939, Juden aufzunehmen, die in Deutschland verfolgt wurden und vor den Konzentrationslagern flohen, auch spanische Republikaner, die ins Exil oder in den Tod getrieben wurden.«[70]

»Bedeutender als unser Handeln waren die Gründe für die Entscheidungen, die wir getroffen haben.« Diese Aussage verdient eine genauere Reflexion. Das, was die »Fälscherin« im Rathaus von Dieulefit hier unterstreicht, charakterisiert sowohl den zivilen Widerstand (Geflüchtete zu retten) als auch den militärischen Widerstand (Waffen und Material von den Fallschirmabwürfen einzusammeln, sich dem Maquis anzuschließen): Schwerer als seine Pflicht zu tun, ist es, zu erkennen, was diese Pflicht ist. Man sollte die Entschlossenheit und den Großmut der Familien, die jüdische Erwachsene und Kinder aufnahmen, oder der Schulen, die sich um die Integration der oft in der Illegalität lebenden Jugendlichen bemühten, nicht gering schätzen.

Riskierten sie den eigenen Tod, die Deportation, handelten sie »unter Gefährdung ihres eigenen Lebens«, wie die Formulierung auf dem Ehrenzertifikat lautet, das den *Gerechten* vom Staat Israel verliehen wird? Viele Historiker gehen heute davon aus, dass die »Retter« in Frankreich nicht die Todesstrafe riskierten, wenn sie Juden beherbergten. Es sei hier aber der Hinweis gestattet, dass die jüdischen Organisationen, die sehr genau darüber informiert waren, was im besetzten Polen passierte, sehr viele Vorsichtsmaßnahmen trafen, um sowohl die Kinder als auch die aufnehmenden Familien zu schützen. Es war sicher sehr schwierig, sich über die rassistischen Gesetze und die Hasspropaganda hinwegzusetzen in einem Land, in dem sich die Regierung und die Behörden für die Kollaboration und die Beteiligung an den rassistischen Verfolgungen entschieden hatten. Davon zeugen die sehr detailliert entwickelten Strategien in der Schule von Beauvallon und in den mit Beauvallon verbundenen Netzwerken,

70 Auszug aus der Rede Jeanne Barniers anlässlich der feierlichen Verleihung des Ehrenzertifikats und der Medaille der *Gerechten* am 4. September 1989.

um die Mitglieder ihrer Gemeinschaft zu schützen. Die Direktorin Marguerite Soubeyran entwickelte immer stärkere Vorsichtsmaßnahmen, je näher die Landung der Alliierten rückte. In Beauvallon konnte ja niemand abschätzen, welche persönlichen Konsequenzen es haben würde, wenn man sich Anordnungen widersetzte oder den Widerstand unterstützte, nachdem die Kollaboration institutionalisiert worden war und die Repressionsmaßnamen gegen die Résistance zunahmen. Das ist zweifelsohne der Grund, warum es denen, die der Barbarei und Gewalt entkommen konnten, auch viele Jahre nach dem Krieg noch so wichtig ist, ihre Retter zu würdigen. Der Literaturprofessor Samuel Abramovitsch, dessen Zeitzeugenbericht im zweiten Teil zu finden ist,[71] war dem Ehepaar Arcens sein ganzes Leben lang dankbar dafür, dass es dem *Commissariat aux Questions Juives*, dem Kommissariat für jüdische Fragen, die Stirn geboten und sich geweigert hatte, ihn aus der Schule de la Roseraie zu werfen, die das Paar leitete. Weder er noch das Ehepaar Arcens konnten wissen, welche Folgen ihre unbeugsame Haltung haben würde.

Sie sahen es einfach als ihre Pflicht an.

71 Siehe S. 149.

2. Teil

Zeitzeugenberichte von Rettern und Geretteten während der Jahre des Krieges und der Besatzung

Pierre Emmanuel, der Dichter mit der Pfeife
Dieulefit (1942 oder 1943, mit 26 oder 27 Jahren). [Sammlung C. Carlier.]

Noël Mathieu, Dichtername Pierre Emmanuel

Schriftsteller und Dichter (1916–1984).

»Dieulefit teilte das Leid der Welt und blieb dennoch im Licht und in der Freude. Die Tugend großer Seelen ist es, dieses Paradox mit großer Kraftanstrengung auszuhalten und beides zu integrieren, dabei nichts abzuwehren, nicht einmal das absolut Böse. Hier gelang die Integration wie instinktiv. Hier war das Leben in vollem Einsatz, ohne Für und Wider gegeneinander abzuwägen, ohne vom Bösen überrascht zu sein.«

[...]

»In Dieulefit ist niemand ein Fremder. Wer gerade ankommt und völlig erschöpft ist nach einer schrecklichen Busfahrt, ausgehungert, vielleicht verfolgt, verängstigt von all den auf ihn gerichteten Blicken, darf hier aufatmen, jetzt erwartet ihn der Frieden. Er wird zuhause sein, bei den Seinen, denn er ist der Nächste, für den der Tisch immer gedeckt ist.«[72]

»Meine Verbundenheit mit Dieulefit ist immer noch dieselbe; meine Dankbarkeit den Menschen gegenüber, die zwischen Juni 1940 und August 1944 der Gerechtigkeit und der Freiheit die Treue hielten, wird nie nachlassen. Ich habe in Dieulefit meine schönsten Stunden erlebt. Ich freue mich, dass mich hier immer noch einige als ihren Mitbürger und Freund ansehen.«[73]

---

72 Quelle: Pierre Emmanuel: *Qui est cet homme ou le Singulier universel.* 1947, Neuauflage 1970, S. 331.

73 Quelle: Pierre Emmanuel: Brief an den Bürgermeister. Archives communales de Dieulefit; siehe auch: Pressedossier 1968 (anlässlich der Aufnahme Pierre Emmanuels in die Académie Française).

Andrée Viollis

Geb. Françoise-Caroline Claudius Jacquet de la Verryère (1870–1950). Engagierte Journalistin, Feministin; während des Krieges steht sie der kommunistischen Partei nahe.

Andrée Viollis, Portrait. In: Michel Winock: *Le siècle des intellectuels*. Paris: Seuil 1999. [coll. Points.]

»Dieulefit, Zuflucht der Intellektuellen, und seine Geschichte.

Dieulefit hat gar keine Geschichte, zumindest keine tragische, und genau das macht das Wunder aus. Es ist ein kleiner Marktflecken in der Drôme, dreißig Kilometer von einem Bahnhof entfernt, und scheint am Ende der Welt zu liegen. Die alten Dächer mit den roten Ziegeln schmiegen sich an die kahlen Berge ringsum, deren Linien sich so klar vom Himmel abheben. Die einzige, enge Straße zwischen den alten Häusern und bescheidenen Läden verläuft in leichtem Bogen von der Place de l'Église zur Grande-Place [Châteauras], dem Herzen der Stadt mit der evangelischen Kirche, und führt dann weiter als Landstraße aus dem Ort hinaus.

Es ist noch die Dauphiné mit ihrem rauen Klima, ihren im Winter schneebedeckten Bergkuppen. Aber es sind schon die changierenden hellen Farben der Provence mit ihrem hohen und kristallklaren Himmel. Hier findet man schon die robusten Kastanien mit dem ausladenden Laubwerk und das felsige Heideland, auf dem Heidekraut und Lavendel wachsen. Darüber hinweg fegt oft, zu oft, ein harter und alles durchdringender Wind, der hier nicht Mistral heißt, aber ihm ähnelt wie ein Bruder.

Die Bewohner des Städtchens und der umliegenden Hügel haben den schroffen gesunden Menschenverstand, die Aufrichtigkeit, die Hartnäckigkeit der Bergbewohner und zugleich die glänzende Vorstellungskraft und das spöttische Temperament der Menschen des Südens.

Fügen Sie hier noch das hugenottische Element hinzu. Die protestantische Gemeinschaft, die in der Zeit der Verfolgungen hierher geflohen ist, bewahrte das Gerechtigkeitsempfinden und die puritanische Unbeugsamkeit, den Geist der Auflehnung ihrer großen Vorfahren. Verstehen Sie jetzt, warum Dieulefit mehrheitlich und von innen heraus widerständig war?

Vorherbestimmung, Zufall oder bewusst getroffene Entscheidung? Von Anfang an kamen Intellektuelle an diesen Ort und taten sich hier zusammen. André Rousseaux wohnte hier, hinter einem gusseisernen Torbogen, umgeben von einer Ligusterhecke, in einem der stattlichsten Häuser des Städtchens. Er schrieb hier seinen *Péguy* und initiierte sehr schnell eine Reihe von Vorträgen über die Poesie, wie sie die kleine Stadt noch nicht erlebt hatte.

In ihrem Taubenschlag mit den vier kleinen Fenstern, die sich zu dem weiten Himmel hin öffneten, zogen Pierre Emmanuel und seine

Frau einen ganzen Schwarm junger Poeten an, die für einige Tage blieben. Bei ihnen lernte ich Pierre Seghers, Loys Masson, Alain Borne und noch andere kennen. [...]

Harmonische Kaskaden drangen aus dem Haus der großen Pianistin Yvonne Lefébure; Suzanne Bidgrain, die Generalsekretärin einer der größten internationalen protestantischen Vereinigungen, verfasste hier Berichte für die alliierten Länder. Der Maler Eisenschitz, der mitten im Wald in einer Pfadfinderhütte sein Lager aufgeschlagen hatte, malte hier Landschaften und Portraits.

Etwas weiter weg, mitten auf dem Land, lag die Pension Beauvallon, ein alter, langgestreckter und niedriger Bauernhof, umrankt von wildem Wein, umgeben von Pappelhainen, die im Frühling und im Herbst wie große goldene Kerzen leuchteten. Diese Pension war für mich, für uns alle, die Heimatlosen, die verschwiegenste und liebste Zuflucht. Pierre Jean Jouve, Louis Aragon und Elsa Triolet, Pierre Seghers, Marcelle Auclair, Jean Vidal, der Journalist und Filmemacher, waren mehrmals in der Pension.

Emmanuel Mounier verbrachte hier nach seiner Entlassung aus dem Gefängnis zwei Jahre mit seiner Frau, einer Kunstkritikerin des Museums Brüssel, und ihrer kleinen Tochter, diesem kleinen Wunder mit dem strahlenden Lächeln und den blonden Haaren. [...] Jeder einzelne der Pensionsgäste (wie übrigens die meisten der Geflüchteten in Dieulefit) hatte seine Geschichte, seine falschen Papiere, seine Tragödie. Man kannte hinter diesen alten Mauern große Angst und großen Schmerz.

Die Pensionsinhaber, Monsieur und Madame Dourson, wussten das alles sehr wohl, aber sie nahmen das Risiko mutig auf sich. Trotz der materiellen Probleme und der Gefahren blieb ihr Haus für uns offen. [...]

In Dieulefit gab es auch eine ganze Reihe von Lehrern, die vom Vichy-Regime aus ihren Schulen gejagt worden waren. Einige von ihnen unterrichteten in der Schule La Roseraie, einer hervorragenden weiterführenden Schule in Dieulefit. Es gab Rechtsanwälte, Ärzte, Diplomaten, die sich hier aus wichtigen Gründen versteckten, und Menschen, die aus politischen Gründen ins Exil gehen mussten, die wichtige Positionen oder bedeutende Lehrstühle an Universitäten auf der rechten Rheinseite innegehabt hatten.

Und dann war da noch das stabile Fundament der ortsansässigen alten protestantischen Gesellschaft, die schon immer aufgeklärt und geistigen Dingen gegenüber aufgeschlossen war. In der Musikschule *Lycée Musical* gab es herausragende Vorträge und Konzerte mit 150 bis 200 gebildeten und weltoffenen Zuhörerinnen und Zuhörern.

Mehr als in vielen großen Städten, sagte mir der Komponist Fred Barlow, auch ein Geflüchteter, dessen Werke auch heute noch häufig aufgeführt werden. [...]

Als ein Schweizer Schriftsteller – vielleicht ein Mensch mit trockenem Humor – mit großem Ernst in einer gewichtigen Zeitschrift erklärte: »In Frankreich gibt es zur Zeit drei intellektuelle Zentren: Paris, Lyon und Dieulefit«, erntete er einiges Lächeln. Aber die Bewohner von Dieulefit, die zunächst etwas verblüfft waren, nahmen das schließlich mit Stolz und erhobenen Hauptes zur Kenntnis.«[74]

74 Quelle: Andrée Viollis, Typoskript, im Oktober 1944 verfasst und Marguerite Soubeyran übergeben. École de Beauvallon. Auch in: Archives du Comité d'Histoire de la Deuxième Guerre mondiale, Archives Départementales de la Drôme.

Pascaline Cahen

Geb. 1928, die älteste der drei Kinder von Gilbert und Denise Cahen. Gilbert unterrichtet »illegal« in der Schule La Roseraie; Denise unterrichtet, ebenfalls »illegal«, Cello an der von den Schwestern Eberhard geleiteten Musikschule *Lycée Musical*.

»Ich brauchte einen Personalausweis, ich glaube, um meine Schulabschlussprüfung abzulegen. Tante Marguerite [Soubeyran] sagte meiner Mutter, ich solle zu Mademoiselle Barnier gehen, der Rathaussekretärin. Sie wollte uns nicht versprechen, dass es »klappt«. Ich hatte große Angst, und mit Herzklopfen betrat ich das Rathaus. Mademoiselle Barnier war jung, sie lächelte. Sie hatte ein Muttermal auf der Wange.

Dann zog sie einen neuen Personalausweis heraus. Sie fragte mich, welchen Namen sie eintragen solle. Ich sagte: ›Colomb.‹ Sie trug den Namen in den Ausweis ein. Dann fragte sie mich nach meiner Augenfarbe. Ich sagte: ›Grün‹, und sie fragte nach meiner Größe. Ich weiß nicht mehr, welches Geburtsdatum sie eintrug. Dann stempelte sie den Ausweis mit dem offiziellen Stempel des Rathauses. Fertig war er. Ich bedankte mich und kehrte mit meinem neuen Personalausweis zur Schule zurück. […]

Viele Jahre später gab es ein Ehemaligentreffen der Schule. In welchem Jahr, weiß ich nicht mehr genau, 1989 vielleicht? Beim Mittagessen saß ich am Tisch mit zwei ehemaligen Schülern meines Vaters der Schule La Roseraie, Jean-Pierre Lévi und Michel Schilovitz. Sie hatten meinen Vater in sehr guter Erinnerung! Das erfüllte mich mit Freude! Beim Essen fragte ich:

›Und diese Rathaussekretärin, ist sie noch da?‹ Sie sagten: ›Ja! Sie sitzt am Ehrentisch.‹

Da ging ich zum Ehrentisch. Mademoiselle Barnier trug ein schönes blaues Kleid mit Blumenmuster. Eine ziemlich kräftige Frau. Ich fragte sie: ›Sind Sie die Rathaussekretärin?‹ Und ich fügte hinzu: ›Sie haben mir das Leben gerettet. Ich muss Sie unbedingt umarmen!‹ Und ich umarmte sie. Im Speisesaal wurden alle still und sahen uns an. Nach diesem Tag habe ich sie noch mehrmals besucht. Eines Tages zeigte sie mir ihre Medaille der *Gerechten*, die ihr die Gedenkstätte Yad Vashem verliehen hatte. Welches Glück für sie! Und sie erzählte: Sie war 22 Jahre alt und junge Sekretärin im Rathaus. Mit den rassistischen Gesetzen konnte sie sich nicht abfinden. Sie suchte den Pfarrer von Dieulefit auf. Seinen Namen habe ich vergessen. Sie erklärte ihm vorsichtig, worum es ging. Der Pfarrer antwortete: ›Handle nach deinem Gewissen, mein Kind.‹ Und die Frau des Pfarrers, eine Frau mit großer Autorität, sagte: ›Geh nach Hause, schlag deine Bibel auf, zeig mit deinem Finger auf die geöffnete Seite und tue, was dort geschrieben steht.‹ Und im Buch des Propheten Ezechiel las sie dann: ›Du wirst die Unterdrückten und Betrübten beschützen… du wirst den Fremden wie deinen Bruder aufnehmen.‹ Ihr Weg war also vorgezeichnet! Später nahm sie die Rathausstempel abends mit nach Hause. Ich glaube, sie hat Hunderte von falschen Ausweisen hergestellt (mehr als tausend?). Und einmal stellte sie einer Frau sogar einen Ausweis auf ihren eigenen Namen Jeanne Barnier aus!«[75]

75 Quelle: Auszüge aus dem Zeitzeugenbericht von Pascaline Cahen-Magnard, den sie dem Autor dieses Buches 2008 zur Verfügung stellte.

Bertrand Cahen

Pascaline Cahens Bruder (geboren 1931).

»Bevor wir nach Dieulefit kamen, waren wir in Toulon. Obwohl wir dort noch in der sogenannten ›freien Zone‹ waren, war die Atmosphäre für die jungen Juden, die wir ja waren, in der Schule besonders belastend. Ich schwänzte sie häufig, um dieser Situation zu entgehen. Um mir die Zeit zu vertreiben, ging ich an den Hängen des Mont Faron spazieren, der über die Stadt ragt. Dort traf ich eines Tages zu meiner Überraschung meinen Bruder Olivier, der sich aus dem gleichen Grund hier aufhielt.

Gegen Ende des Sommers 1943 fuhr die ganze Familie nach Dieulefit, und im Bus von Montélimar nach Dieulefit traf ich einen anderen Jungen, Gilbert Weil, der schon ein Jahr als Internatsschüler von Beauvallon in Dieulefit verbracht hatte. Dort trafen wir uns wieder, und seitdem haben wir uns praktisch nicht mehr aus den Augen verloren.

In dieses Internat nahmen Marguerite Soubeyran, Simone Monnier und ihre Kolleginnen und Kollegen zahlreiche jüdische Kinder auf, auch andere Kinder, deren Eltern im Widerstand waren. Der Unterricht dort wurde von Flüchtlingen erteilt, die einen sehr guten Unterricht machten. Natürlich waren die Lebensmittel knapp, und wir erinnern uns noch gut an diesen Lastwagen voller Karotten, die wir auf einer Wiese abladen und mit einer Schicht Erde bedecken mussten. Die mussten wir gut feststampfen, damit die Karotten nicht verdarben. Leider aßen wir zu wenige davon, denn nach drei Monaten entdeckten wir dort eine schimmelige, wenig appetitliche Masse.

Übrigens liefen wir aufgrund der Versorgungsschwierigkeiten die meiste Zeit barfuß, was im Herbst, wenn die Kastanien fielen, besonders angenehm war! Zu den Erinnerungen an diese Zeit gehört natürlich auch die Erinnerung an das Einsammeln des Materials nach den Fallschirmabwürfen der alliierten Flugzeuge (englische oder amerikanische) auf dem Hügel hinter Beauvallon und an den anschließende Marsch bis La Roche-Saint-Secret am Fuß des Bergs La Lance, mit den beladenen Rucksäcken auf dem Hinweg und den leeren Rucksäcken auf dem Heimweg!!!

Und dann der Winter 1943–1944. Aufgrund der anhaltenden Bedrohung war Marguerite Soubeyran wohl von den Informanten im Dorf gewarnt worden, dass ein Vorstoß deutscher Truppen oder der Vichy-Truppen bevorstehen könnte. Sie organisierte deshalb Spähtrupps, die auf dem Weg von Dieulefit nach Beauvallon Wache halten mussten, und beschloss, dass die beschnittenen Jungen besonders geschützt werden mussten. So kam es, dass wir, ungefähr zehn Jungen, jeden Abend in einer Höhle schliefen, die einige hundert Meter von der Schule entfernt lag.«[76]

76 Quelle: Von Bertrand Cahen verfasster Bericht, dem Autor dieses Buches 2008 zur Verfügung gestellt (Auszüge).

Michel Schilovitz

Geboren 1926, Autor von Theaterstücken, in den 1980er Jahren Produzent bei France Culture.

»Im Februar 1942 war ich 16 Jahre alt. Ich hatte mit meinen Eltern Paris verlassen, weil dort das Klima für Juden sehr schwierig wurde. [...] Mein Vater fand einen Fluchthelfer, wahrscheinlich einen jüdischen, der Menschen gegen Bezahlung in die nicht besetzte Zone brachte. Wir passierten nachts die Demarkationslinie im Poitou und kamen dann in ein Städtchen in der Drôme, das wir überhaupt nicht kannten, wohin aber schon Verwandte geflüchtet waren: Dieulefit.

In Dieulefit war eine weiterführende Schule eröffnet worden, La Roseraie, die bis zum Abitur führte. Hier wurde ich angemeldet. Mein Vater hatte mir ein graues Fahrrad gekauft, mit dem ich zur Schule La Roseraie fahren konnte. Diese Privatschule hat mich überrascht. Sie war koedukativ. Jeden Morgen hissten zwei Schüler die Fahne und machten den Pfadfindergruß. Ich war in der Sekunda, Jungen und Mädchen waren zusammen. Das war für mich neu. Niemand schien den Namen geändert zu haben, die Juden nicht, die Engländer nicht, die Amerikaner nicht, die Elsässer nicht... Lehrer wie Schüler. Das war mein – vielleicht subjektives – Empfinden, weil da immer noch einige Lévi, Meyer oder Smar hießen. [...]

Zuerst wohnten wir im Hôtel du Levant, Place Châteauras, gegenüber der evangelischen Kirche im Zentrum von Dieulefit. Wir waren in einer protestantischen Region. Ich sehe den Salon noch vor mir, in dem wir Radio London hörten. Wir trafen ein paar Vorsichtsmaßnahmen. Die Deutschen waren nicht im Ort, aber die Vichy-Regierung liebte die Engländer und ihre gaullistischen Freunde nicht gerade. Damals war mir nicht klar, dass wir in einer Art Oase lebten.

In dieser kleinen Stadt nahmen tausendfünfhundert Protestanten und ebenso viele Katholiken ungefähr tausend Verfolgte auf, sehr viele Juden, aber auch Elsässer, Engländer, Amerikaner. Niemand wurde verhaftet oder deportiert.

Eines Tages sah ich, wie meine Eltern im Café des Hôtel du Levant mit einem etwa 50-jährigen Mann mit rotem Gesicht sprachen. Sie schienen ihn zu kennen. ›Das ist Pierre Brunel‹, sagte mein Vater. ›Er ist Vertreter für Lederwaren. Ich habe ihn oft während meiner Reisen getroffen. Sein Vater wohnt in Dieulefit.‹

Das Hôtel du Levant in den 1950er Jahren. Dieses an einem belebten Platz gelegene Hotel nahm viele Flüchtlinge bei deren Ankunft auf. Aber das Hotel war in exponierter Lage und recht teuer. Die Flüchtlinge suchten so schnell wie möglich eine unauffälligere und billigere Unterkunft (zur Miete oder in einer Familienpension). [Sammlung PMH.]

Mit ihm besichtigten wir ein großes Haus im Vorort Les Reymonds. Sein Vater, Edmond Brunel, war Finanzchef im Krankenhaus von Grenoble gewesen. Jetzt war er Rentner. Er vermietete uns ein Zimmer im Erdgeschoss für meine Eltern und ein Zimmer im zweiten Stock für mich. Es lag zur Straße hin.

Wir aßen zusammen mit Monsieur Brunel, der unsere Anwesenheit beim Essen akzeptierte. Seine Rente schien nicht sehr üppig zu sein, und die Miete, die wir ihm zahlten, half ihm, bis zum Monatsende über die Runden zu kommen. Ich hörte BBC auf 42 oder 49 m Kurzwelle.

Monsieur Brunel mochte die Engländer nicht besonders, aber als die Alliierten in Nordafrika landeten, ertrug er es besser, dass wir Radio Alger hörten.« [77]

---

77 Quellen: Michel Schilowitz: *Il y a si longtemps.* Manuskript, August 2007; Transkription der Radiosendung: *Quarante-cinq ans après, ou la parenthèse dieulefitoise,* 1988; Interviews vom 27. September 2007 und 21. Mai 2009 (Auszüge).

Françoise Meyer

Tochter (geb. 1934) von Widerstandskämpfern, die von Montélimar aus deportiert wurden. Ihre Familie, jüdisch, französisch, war während des Debakels aus Troyes nach Montélimar geflohen.

»Als Tochter von Robert und Raymonde Meyer, beide jüdische Widerstandskämpfer, die in Montélimar festgenommen und dann deportiert worden sind, ist es mir ein Anliegen, meinen Bericht als Zeitzeugin beizutragen: Als verstecktes Kind war ich sowohl in der Schule von Beauvallon als auch in der Schule in Dieulefit, und als Nichte der Familie Abramovitsch kannte ich die Schüler und die Lehrer der Schule La Roseraie. Es gab Menschen des Lichts, aber auch Menschen des Schattens, ›die kleinen Soldaten‹, wie Geneviève de Gaulle einmal sagte, die ich hier zitieren möchte.

In Montélimar und später in Dieulefit habe ich unschätzbare Solidarität erlebt. Unzählige mutige Taten wie die von Jeanne Barnier, die kämpfte, nicht weil sie Protestantin war, sondern für die Freiheit, schlicht aus Menschlichkeit, könnte man hinzufügen.

Nach der Verhaftung meiner Eltern wurde nach mir gefahndet. Ich musste versteckt werden. Meine Großmutter, mein Onkel und meine Tante wohnten unter ihrem richtigen Namen in Dieulefit, in der Rue des Écoles.

Wir alle bekamen echte Ausweispapiere mit falschen Namen. Sie waren auf den Namen einer Familie ausgestellt, die aus Nordfrankreich stammte, aus einem Ort, der von den Deutschen bombardiert worden war. Dabei war das Personenstandsregister zerstört worden. Weder die Deutschen noch die Miliz konnten unsere Personendaten überprüfen. Jeannette Barnier handelte nicht leichtfertig.

Ein Postbeamter stellte uns ein Haus in einem anderen Viertel zur Verfügung. Es lag an der Straße nach Montélimar. Es bestand deshalb die Gefahr, dass wir unter den ersten sein könnten, die verhaftet würden. Abends gingen wir also zu Madame Belle (pensionierte Direktorin) und Mademoiselle Tomazine (Lehrerin) in die Rue du Bourg, die Hauptstraße von Dieulefit. Die Straße hatte eine Besonderheit: Alle Häuser waren durch einen Durchgang miteinander verbunden. Außerdem hatten die Häuser zwei Eingänge, einen zur Hauptstraße, einen anderen zum Fluss hin, dem Jabron. Wir wussten, dass wir im Falle einer Denunzierung in das Haus einer Freundin, Madame Monod, gehen konnten. Dort haben wir sogar auch gewohnt.

In der Schule von Beauvallon wurde ich bei der Aufnahme von Atie begrüßt. Sie war eine Frau von großer Güte und Feinfühligkeit, die sie aber hinter einer etwas kühlen Fassade verbarg. Sie war etwas zurückhaltender als Tante Marguerite [Kosename für Marguerite Soubeyran], aber sie spielte eine wichtige Rolle. Sie war verantwortlich für die gesamte Verwaltung. Sie war auch für die Kleinen und die Krankenstation zuständig. Tag und Nacht war sie erreichbar, dabei war sie diskret und warmherzig. Abends, wenn uns Albträume quälten, standen wir Schlange bei Pastor Monnier, der uns tröstete.

Manchmal wurden wir nachts geweckt. Das war das große Spiel. Man darf nicht vergessen, dass wir uns in einem Umfeld befanden, in dem das Pfadfindertum in seiner besten Form sehr lebendig war. Dann mussten wir draußen im Wald schlafen. In Wirklichkeit war das eine Übung für den Fall, dass die Deutschen überraschend gekommen wären. Ich erinnere mich auch an einen Mann mit gebrochenem Arm. Er sprach nicht mit uns. Es war ein englischer Fallschirmspringer. Das erfuhren wir erst später.

Wir verfolgten die Nachrichten über die Siege der Alliierten sehr genau. In der Eingangshalle hing eine Karte, auf der kleine Fähnchen die Truppenbewegungen markierten. Eines Tages, als sich alle über die sowjetischen Siege freuten, ergriff mich Panik. Die Deutschen würden Vergeltungsmaßnahmen durchführen, meine Eltern, die als Widerstandskämpfer verhaftet worden waren, würden als Geisel genommen und zu Tode gefoltert werden, weil sie nichts preisgeben würden. Ich konnte an nichts anderes mehr denken. Dieser privilegierte Ort konnte mich nicht vor all meinen Ängsten bewahren.

Eine Zeitlang ging ich auch in die öffentliche Schule in Dieulefit. Dort wurde ich sehr herzlich aufgenommen. Die Methoden dort waren traditioneller, aber die Solidarität war sehr groß. Mademoiselle Boisjeol, die Lehrerin, deren Bruder Widerstandskämpfer war, war sehr darauf bedacht, auf den Schutz der Kinder zu achten, die von woanders kamen. Mademoiselle Eberhard beherbergte eine meiner Freundinnen, deren Eltern in Montélimar geblieben waren, in der Musikschule.

[...] In Montélimar wie in Dieulefit hatte ich das Glück, nur Vertrauen und Solidarität zu erfahren – wenn man von den Parolen absieht, die man im Radio hörte. Keinen Augenblick lang hatte ich in Dieulefit Angst. Ich war nicht das versteckte Kind, sondern ein herzlich aufgenommenes Kind: Alle nannten mich bei meinem richtigen Vornamen und meinem richtigen Nachnamen. Erst nach der Befreiung und der Rückkehr in meinen Heimatort [die Stadt Troyes] bekam ich fanatische und rassistische Äußerungen zu hören.«[78]

---

78 Quellen: Zeitzeugenbericht von Françoise Meyer. In: *Enfants cachés, 1940–1944.* Bulletin Nr. 28, September 1999, sowie Interviews vom 20. Februar 2008 und 24. Juli 2009 mit dem Autor dieses Buches (Auszüge).

Françoise Meyer im Alter von sechs Jahren mit ihrem Vater Robert, Anfang 1940. Das kleine Mädchen kann zusammen mit seiner Mutter seinen Vater während eines Fronturlaubs wiedersehen; siehe Bild. Robert Meyer wurde im Juni 1940 in Südfrankreich demobilisiert. Er blieb mit seiner Familie in der nicht besetzten Zone in Montélimar. Es wäre undenkbar gewesen, nach Troyes zurückzukehren, das in der besetzten Zone lag. [Sammlung F. Meyer.]

Robert Meyer kann die militärische Niederlage und den Waffenstillstand nicht akzeptieren. Ende 1941 gründet er mit einigen Freunden eine lokale Gruppe der *Francs-Tireurs* (einer in Lyon gegründeten Widerstandsbewegung). 1942 verbreitet er Untergrundzeitungen, geht dann in die Region Ardèche, kümmert sich dort um Flüchtlinge oder um im Untergrund arbeitende Nachrichtenagenten, die er bis ins Languedoc und in die Pyrenäen begleitet. Nachdem er zum ersten Mal von den Italienern (die Drôme liegt in der von Italienern besetzten und verwalteten Zone) verhaftet worden ist, flieht er und nimmt seine Widerstandsaktivitäten wieder auf, wobei ihn seine Frau Raymonde unterstützt. Am 11. Oktober 1943 werden sie zusammen in Montélimar verhaftet, dieses Mal von der deutschen Polizei. Sie werden im schrecklichen Gefängnis Montluc in Lyon mehrfach verhört, dann werden sie nach Auschwitz deportiert, »von wo sie nie zurückkamen«, sagt ihre Tochter heute. Als ihre Eltern verhaftet werden, ist Françoise zum Glück in Dieulefit bei ihrem Onkel Samuel Abramovitsch.

70 Jahre später erreicht sie, dass die Stadt Montélimar eine Gedenktafel in der Straße anbringt, in der ihre Eltern verhaftet worden sind. Die Ermordung ihrer Eltern sollte sichtbar gemacht werden. Ihre Namen sollten in der Stadt, in der sie verhaftet worden sind, genannt werden. Aber auch der Grund für die Verhaftung der Eltern Meyer sollte festgehalten werden: ihre Arbeit im Widerstand. Die Aufdeckung, dass sie Juden waren, spielte sicherlich für die Miliz und die deutschen Besatzungsbehörden eine zusätzliche Rolle für ihre Ermordung. Für Françoise Meyer war es jedoch unerträglich, dass beispielsweise auf der Internetseite von Yad Vashem »rassistische Motive« als einziger Grund für ihre Deportation genannt wurden. Ihr Engagement, ihr Widerstand, die humanistischen und patriotischen Werte dieser französischen jüdischen Familie sollten angemessen gewürdigt werden. Genau darum geht es in dem Text auf der offiziellen Gedenktafel in der Rue Chabaud in Montélimar. Dieser Text war vorher in der Familie Meyer lange und sorgfältig diskutiert worden, bevor der endgültige Wortlaut beschlossen wurde.

In einer Atmosphäre der Freude versammeln sich Françoise Meyer (Mitte), ihre Kinder und Enkelkinder am 28. August 2013 an der gerade enthüllten Gedenktafel in der Rue Chabaud in Montélimar. Links von ihr ihre Tochter Coline, rechts auf dem Foto ihr Sohn Cédric. Das Treffen der drei Generationen anlässlich der offiziellen Anbringung dieser Gedenktafel inspirierte Cédric (Klapisch, Drehbuchautor und Filmregisseur) zu einem 26-minütigen Film mit dem Titel: *Mon livre d'histoire*.* Der Film ist eine Hommage an seine Mutter, die an ihre Kinder Werte wie Verantwortung und Engagement weitergab, die von den Großeltern, die sie nicht kennenlernen konnten, gelebt worden waren. Der Film wurde im Mai 2014 in Canal+ ausgestrahlt. [private Sammlung.]

* Deutsch: Mein Geschichtsbuch. Trailer bei youtube (Anm. d. Übers.).

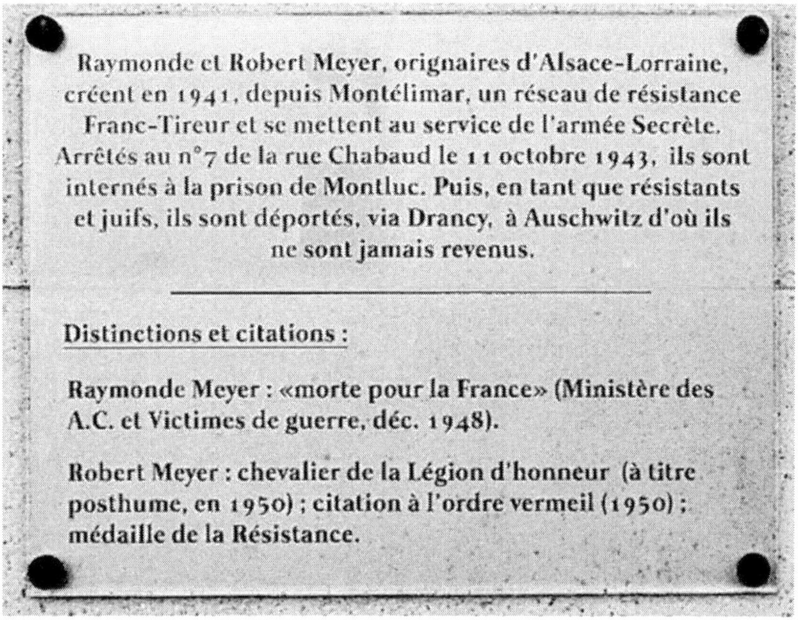

Raymonde et Robert Meyer, orignaires d'Alsace-Lorraine, créent en 1941, depuis Montélimar, un réseau de résistance Franc-Tireur et se mettent au service de l'armée Secrète. Arrêtés au n°7 de la rue Chabaud le 11 octobre 1943, ils sont internés à la prison de Montluc. Puis, en tant que résistants et juifs, ils sont déportés, via Drancy, à Auschwitz d'où ils ne sont jamais revenus.

Distinctions et citations :

Raymonde Meyer : «morte pour la France» (Ministère des A.C. et Victimes de guerre, déc. 1948).

Robert Meyer : chevalier de la Légion d'honneur (à titre posthume, en 1950) ; citation à l'ordre vermeil (1950) ; médaille de la Résistance.

Text der Gedenktafel:

»Raymonde und Robert Meyer aus Elsass-Lothringen gründen 1941 in Montélimar eine Franc-Tireur-Widerstandsgruppe und arbeiten für die Armée Secrète. Sie werden am 11. Oktober 1943 in der Rue Chabaud 7 verhaftet und im Gefängnis Montluc interniert. Sie werden als Widerstandskämpfer und als Juden über Drancy nach Auschwitz deportiert. Von dort kamen sie nie zurück.

Auszeichnungen und Ehrungen:

Raymonde Meyer: »gestorben für Frankreich« (Ministerium der Kriegsveteranen und Kriegsopfer, Dez. 1948).
Robert Meyer: »Ritter der Ehrenlegion« (Titel 1950 posthum verliehen); Ehrenzeichen des Ordre Vermeil (1950); Medaille der Résistance.

Samuel Grynszpan

Belgisch-jüdisches Kind polnischer Herkunft (1937), geflüchtet nach Le Poët-Laval (bei Dieulefit).

Autobiografischer Zeitzeugenbericht. Samuel erinnert sich 70 Jahre später… Dieser Text wurde für Yad Vashem verfasst, um den Antrag auf Verleihung des Titels *Gerechte* an die Eltern Robin (Vater und Mutter von Jacky) zu unterstützen. Yad Vashem entsprach Samuels Antrag. Ende 2013 wurde René und Léa Robin die Auszeichnung *Gerechte unter den Völkern* verliehen. Ihr Sohn Jacky nahm die Medaille und die Urkunde im Namen seiner Eltern in Le Poët-Laval entgegen, da beide bereits verstorben waren.

»Ich heiße Sam Grynszpan und bin am 7. März 1937 in Antwerpen, Belgien, geboren.

Meine Eltern Kalma Grynszpan und Estera Teper waren beide zu Beginn der 1930er Jahre aus Polen nach Belgien eingewandert. Sie lernten sich in Belgien kennen und heirateten am 7. Januar 1936 in Antwerpen.

Mein Vater arbeitete als Bäcker, meine Mutter als Schneiderin bis zu meiner Geburt am 7. März 1937. Bis zur Invasion Nazideutschlands in Holland und Belgien lebten wir in Antwerpen. Dann entschieden meine Eltern, nach Frankreich zu fliehen. Nach dem Krieg erzählte mir meine Mutter von dieser langen und schwierigen Flucht. Während der Flucht war sie schwanger mit meinem Bruder.

Wir kamen nach Saint-Pé-Delbosc (Haute-Garonne), wo man uns bis Oktober 1940 als Flüchtlinge betrachtete. Mein Bruder Max wurde am 27. September 1940 in Saint-Gaudens (Haute-Garonne) geboren. Wir waren in verschiedenen Lagern interniert: Gurs, Brens und Rivesaltes im Februar 1941. An diese Zeit habe ich noch ein paar undeutliche Erinnerungen. Ich erinnere mich an Ratten, die im Barackenlager herumliefen, was mir große Angst machte; da war ich vier Jahre alt. Ein Gendarm ohrfeigte mich, weil ich unter der Hose, die mir meine Mutter gestrickt hatte, ein Stück Brot versteckt hatte.

Eines Tages kamen Leute und brachten mich und noch andere Kinder an einen anderen Ort; wohin, sagte man uns nicht. Mein kleiner Bruder war nicht dabei. Ich erinnere mich an eine sehr lange Zugreise zusammen mit den anderen Kindern und den Begleitern. Ich erinnere mich, dass wir mehrmals umstiegen.

Wir kamen schließlich in einem großen Haus in Moissac an; dort kümmerte sich eine Frau mit Namen Fanny um uns. Das Haus lag an einer steinernen Brücke. Die älteren Kinder waren in einem Gebäude untergebracht, das »die Mühle« genannt wurde.

Einige Zeit später nahm mich ein junges Mädchen auf eine neue Reise mit. Unterwegs trafen wir einen Herrn, der mich nach Le Poët-Laval zur Familie Robin bringen sollte. Das war Ende 1942.[79] Das Mädchen erklärte mir, dass ich nun Serge Gerbier hieße, meinen richtigen Namen vergessen müsste, nicht über meine Eltern sprechen dürfte und auch nicht über mein bisheriges Leben.

Diese Familie, das waren der Vater René Robin, Töpfer, seine Frau Léa Robin, geborene Roussin, Hausfrau, und ihr Sohn Jacques, geboren am 2. Mai 1936.

79 Samuel kam tatsächlich in den ersten Januartagen des Jahres 1944 zu den Robins. Ihm fehlt die Erinnerung an die Schließung des Hauses in Moissac und die Unterbringung der Kinder an anderen Orten; er hat auch keine Erinnerung an seinen Aufenthalt in La Grave (Hautes-Alpes, am Fuß des Bergs Meije) in einem versteckten Heim, das von den EIF (*Éclaireurs Israélites de France*), den jüdischen Pfadfindern Frankreichs, geleitet wurde. Im Dezember 1943 organisierte Roger Fichtenberg von Grenoble aus die Schließung von La Grave und die anderweitige Unterbringung der 63 Kinder des Heims, darunter auch Samuel.

Rivesaltes, Militärlager, 10 km von Perpignan entfernt. Es ist eines von zweihundert Lagern,* die von der französischen Regierung während der Okkupation in Frankreich errichtet worden waren. 1941 wurde es ein Lager für spanische und »israelitische« Gefangene. Im Jahr darauf war es vergleichbar mit »einem Drancy der südlichen Zone« (Serge Klarsfeld); es wurde zum menschlichen Sammelbecken für die Deportation von Juden. Eltern und Kinder wurden in getrennten Baracken untergebracht. [Foto 1942. Mémorial de la Shoah, Paris.]

* Denis Peschanski: *La France des camps. L'internement 1938–1946.* Gallimard 2002.

Samuel, in der letzten Reihe hinten, wurde zusammen mit anderen Kindern am 24. April 1942 aus dem Lager Rivesaltes geholt. [Sammlung S. Grynszpan.]

In einem anderen Teil des Gebäudes lebten die Eltern von Madame Robin, Monsieur und Madame Roussin, und ihr Sohn Paulet, der Trisomie 21 hatte. Auf der anderen Seite wohnte Madame Robins Tante, Mademoiselle Léontine Roussin, die schon alt war.

Madame Robin riet mir, so wenig wie möglich mit Leuten zu sprechen, die ich nicht kannte, wenn Kunden in die Töpferei kamen; sie sagte, ich sei ein Verwandter der Familie, der aus gesundheitlichen Gründen bei ihnen zu Gast war. Ich ging mit Jacques, der von seinen Eltern Jacky genannt wurde, im Dorf zur Schule. Meine Lehrerin hieß Mademoiselle Chavagnac.

In dieser Familie blieb ich bis Ende des Jahres 1944. Diese Menschen erzogen mich wie einen zweiten Sohn. Jacky und ich waren nur ein Jahr auseinander und wir taten die gleichen Dinge. Wir machten unsere Hausaufgaben gemeinsam, und die Eltern beaufsichtigten und halfen uns dabei. Ich nannte sie »Papa und Mama«, auch wenn ich oft an meine Eltern dachte. Ich erinnere mich, dass Madame Robin einmal sagte, wenn niemand käme, um mich zu holen, würden sie beantragen, dass ich bei ihnen bleiben könnte. Wenn sie Familienbesuche machten, nahmen sie mich auf dem Gepäckträger ihres Fahrrads mit.

Später erfuhr ich, dass mehrere Kinder im Dorf in der gleichen Situation wie ich waren, aber wir sprachen nicht über die Vergangenheit. Die Familien im Dorf waren in der Mehrheit Protestanten, und Madame Robin erzählte mir, dass die Protestanten früher selbst Verfolgungen erlitten hatten und es deshalb als ihre Pflicht ansähen, ein Kind zu retten, wenn dessen Familie in einer schwierigen Situation sei.

Ich erinnere mich, dass ich im Sommer 1944 vor dem Haus auf der Straße von Dieulefit nach Montélimar amerikanische Soldaten vorbeifahren sah. Wir machten Körbe mit Obst und Gemüse für sie zurecht, und sie gaben uns dafür Schokolade, Kaugummi und Dosen mit Corned Beef. Das war ein Festtag. Einige Zeit später wurde ich abgeholt, und man sagte mir, ich würde bald meine Eltern in Paris wiedersehen. Ich erinnere mich, dass ich im ersten Moment sehr traurig war, dass ich diese Familie und meine Freunde verlassen musste. Am Ende dieser Reise sah ich meine Mutter und meinen kleinen Bruder wieder; mein Vater war 1943 deportiert worden. Es mag überraschend erscheinen, aber als ich meine Mutter wiedersah, brachte ich ihr nicht so viel Liebe entgegen, wie sie gehofft hatte. Die Trennung war schmerzhaft, zu lange und unverständlich für mich gewesen. Es wühlte mich auf, als ich meine Mutter wiedersah. Alles normalisierte sich im Laufe der Zeit, wir mussten uns neu kennenlernen.

Die Töpferei Robin mit ihrem hohen Schornstein, wie sie heute aussieht. [private Sammlung.]

Foto von Samuels Klasse in der öffentlichen Grundschule in Le Poët-Laval. Samuel ist in der Mitte der dritten Reihe von unten. In dieser Klasse gab es noch weitere geflüchtete jüdische Kinder. Sie waren von der OSE in verschiedenen Familien in Le Poët-Laval untergebracht worden, die Pastor Debû vermittelt hatte. Alle blieben wohlbehalten, aber nicht alle sahen ihre Eltern wieder, die deportiert wurden. [Sammlung S. Grynszpan.]

Ich blieb immer in Kontakt mit der Familie Robin. Unsere Familien standen sich später sehr nahe. Meine Mutter empfand tiefe Dankbarkeit dieser Familie gegenüber. Von 1950 an besuchte ich sie praktisch jedes Jahr. Dieses Gefühl der Dankbarkeit gegenüber der Familie Robin haben auch meine Kinder heute noch. Meine beiden Söhne sagten tatsächlich immer ›Opa und Oma Robin‹ zu Monsieur und Madame Robin. Bis zum heutigen Tag fahre ich mindestens einmal im Jahr nach Le Poët-Laval. Dort treffe ich natürlich Jacky wieder und auch andere Klassenkameraden, unter anderen die Familie Boulard.

Monsieur und Madame Robin sind verstorben. Es gibt nur noch Jacky. Mit ihm halte ich die Verbindung zu meiner Geschichte des versteckten Kindes. Ich fühle tiefe Dankbarkeit für das, was sie für mich getan haben, für die Risiken, die sie eingegangen sind, und die Liebe, die sie mir geschenkt haben.« [80]

---

80 Samuels Geschichte gab den Anstoß zu dem Film: *Sam et Jacky* (52 Min.), der 2013 im französischen Fernsehen gesendet wurde (Produktion von *FR3* und VMP).

Die Zwillingsbrüder Georges und Henri Springer

Die Zwillinge kommen 1940 mit ihren Eltern Max und Elisabeth nach einem Aufenthalt in der südlichen Provence nach Dieulefit. Max Springer war vor dem Krieg Professor an der Heidelberger Universität. Nach den Nürnberger Gesetzen wird er entlassen, weil er Jude ist, obwohl er als tapferer Soldat im Ersten Weltkrieg gekämpft hatte und überzeugter deutscher Patriot war.

In Dieulefit bereiten sich die Zwillingsbrüder in der Schule La Roseraie auf das Abitur vor; sie sind auch oft in der Schule von Beauvallon, denn sie schätzen die Menschlichkeit und das harmonische Miteinander dort sehr. Unmittelbar nach dem Abitur schließen sich die Brüder dem Widerstand an. Anfänglich wollen sie sich dem Widerstand im Vercors anschließen. Sie bleiben aber in der Nähe von Dieulefit und arbeiten in der Widerstandsgruppe FTP. 1944 treten sie den FFI bei. Zunächst sympathisieren sie mit der kommunistischen Partei, gehen 1945 aber auf Distanz zu ihr. Dann verfolgen beide ihren eigenen Weg, bleiben sich aber immer sehr verbunden. Georges kommt 1954 gleich nach seinem erfolgreich abgeschlossenen Medizinstudium (in Paris) mit seiner jungen Ehefrau Jacqueline nach Dieulefit. Er eröffnet eine Arztpraxis und wird fast 35 Jahre lang in Dieulefit praktizieren. Dort kümmert er sich als Arzt besonders aufmerksam um die Armen, die Kinder und die Schwachen. Er hat einen großen Anteil am Aufschwung Dieulefits als Luftkurort und am Aufbau einer sozialen Medizin. Die beiden Brüder nehmen wie ihre Eltern nach dem Krieg die französische Staatsbürgerschaft an.

Georges Springer (1926–2006)

»Ein deutsches Kind.

Als wir im Juni 1940 zum ersten Mal nach Beauvallon kamen und dort wohnten, war ich ein zutiefst gedemütigter, eingeschüchterter kleiner Junge. Seit 1933 hatte ich mich in Deutschland vor meinen Schulkameraden in Acht nehmen müssen, ich hatte nichts gegen Hitler sagen dürfen und musste mich dafür entschuldigen, dass mein Vater Jude war. Und als ich unmittelbar vor dem Krieg nach Frankreich kam, glaubte ich, ich müsste mich dafür entschuldigen, dass ich deutsch war.

Schließlich habe ich gelernt, dass ich nur noch ich selbst sein wollte, ein Junge, der spontan sein durfte wie die anderen auch. Im besetzten Frankreich war Beauvallon frei, kannte weder Hass noch Misstrauen und lebte eine Freiheit, die ich bis dahin nicht gekannt hatte. Kinder und Erwachsene fanden hier Asyl, und ein Leben lang würden sie sich an das erinnern, was sie hier gelernt hatten. Die Kinder entfalteten sich hier zu freien Menschen, ohne Hass, ohne Angst, die Wahrheit zu sagen. Erwachsene kamen hierher, gejagt, verletzt; manchmal wussten sie nicht einmal mehr, wozu sie noch lebten. In kurzer Zeit wurde ihr Blick wieder ruhig, und sie beteiligten sich mit Freude an der gemeinschaftlichen Arbeit.

Beauvallon, das hieß, an die Brüderlichkeit der Menschen zu glauben, alle fühlten die Verpflichtung, ihr Bestes zu geben.

Beauvallon, das ist das Vaterland der Internationalen.«[81]

---

81 Quelle: Georges Springer: Zeitzeugenbericht, in: *Enfants cachés, 1940–1944.* Bulletin Nr. 28, September 1999.

Henri Springer (1926–2012)

Henri Springer wird 1953 Jesuit und 1962 Priester.

»Die ›Gerechten‹ in der Welt und in Dieulefit.
Ich möchte zwei Fragen beantworten. Die erste Frage ist indirekt gestellt worden: Was ist die Motivation des Staates Israel, Menschen als *Gerechte* auszuzeichnen, entsprechend dem Gesetz von 1953? Der Judaismus ist als Tradition auch heute gegenwärtig; diese Tradition umfasst mehr als die Religion und die religiöse Gemeinschaft. Der Judaismus ist eine Vergangenheit, die man in der Gegenwart erkennen kann. Er überliefert einen Wert erster Güte, einen fundamentalen Wert: Treue. Die Anerkennung und Würdigung der *Gerechten* ist Ausdruck dieser Treue, die diejenigen leben wollen, die sich als Juden verstehen.

Die zweite Frage: Warum sollte man – abgesehen von den herausragenden Einzelpersonen – die gesamte Stadt Dieulefit und den Landkreis als *Gerechte* anerkennen? Das Außergewöhnliche von Dieulefit ist der gemeinschaftlich organisierte Schutz der von Verfolgung bedrohten Menschen. Die außergewöhnliche ›Nicht-Angst‹ in einer Zeit, in der überall sonst die Angst regierte. Überall sonst war die Furcht vorherrschend: Wer könnte uns denunzieren? In Dieulefit hatten wir keine Angst vor dem Nachbarn, sondern vor den Deutschen. Das gibt der Forderung nach Anerkennung des Ortes als »Ort der Gerechten« ein besonderes Gewicht.

Abschließend möchte ich festhalten: Ich brauche die *Gerechten*. Als Gläubiger, als Christ, um zu wissen, dass Gott da ist, brauche ich die Begegnung mit den *Gerechten*. Henri de Lubac schreibt in seinem Buch: *De la connaissance de Dieu*:[82] ›Der kleinste Spalt in der

82 Deutsche Ausgabe: Henri de Lubac: *Vom Erkennen Gottes*. Herder 1949.

Henri Springer (oben) und Georges Springer (unten), 1947 in Grenoble fotografiert. Zu dieser Zeit waren sie Studenten. Henri will Ingenieur der Chemie werden und in der Forschung arbeiten. Georges will Arzt werden. [Sammlung J. Springer.]

dicksten Mauer des finstersten Verlieses genügt, um zu beweisen, dass die Sonne existiert. So genügt heute in dieser so düsteren und bedrückenden Welt die flüchtige Begegnung mit einem Heiligen, um zu bezeugen, dass Gott existiert.‹

Und diese *Gerechten* müssen nicht unserer Kirche angehören.«[83]

83 Quelle: Henri Springer: Zeitzeugenbericht, aufgezeichnet während des Runden Tischs: *Die Gerechten und die Historiker.* Dieulefit, 24. Januar 2009.

Samuel Abramovitsch (1901–1993)

Gymnasiallehrer in Troyes, nach der Befreiung Frankreichs Lehrer am Lycée Jacques-Decour (Paris).

»In einem von grünen Bergen umgebenen Tal und geschützt hinter einem Park mit einer alten, mächtigen Zeder [sieht man] ein Haus mit schlichten klaren Linien, doch es wirkt einladend, und der Name ist verheißungsvoll: La Roseraie – der Rosengarten – die weiterführende Schule. Das Bild des Rosengartens passt gut zu den Menschen, die hier in einer Atmosphäre der Freiheit aufblühen und Kraft schöpfen konnten, in einer Zeit, in der die Welt nichts als Unterwerfung, Angst und Gewalt kannte. In diesem Haus habe ich als Lehrer mehr als drei Jahre verbracht, von 1941 bis 1944.

Ich konnte das Wirken dieser Schule und die geistige Strahlkraft, die von ihr ausging, selbst erleben, und ich freue mich, wenn ich mit diesem Bericht dazu beitragen kann, ihren wichtigen und beispielhaften Anteil an der Geschichte des geistigen Widerstands in den Kriegsjahren zu bezeugen und zu würdigen.

Zuerst muss ich den Mann hervorheben, der der Gründer und Gestalter und zugleich die Seele dieses Hauses war: Monsieur Arcens, den ich Oncle Pol nennen werde; unter diesem Kosenamen kannten ihn alle Gäste des Hauses. Er war ein aufrechter Geist und von großem moralischen Edelmut. Als er die rassistische Diskriminierung von Menschen während des Vichy-Regimes sah, bewies er seine unabhängige Urteilskraft und seinen starken Sinn für Gerechtigkeit und Freiheit.

Nachdem ich wegen der rassistischen Gesetze als Lehrer entlassen worden war, fand ich in diesem Haus sofort verständnisvolle und mitfühlende Aufnahme. Mir wurde sehr schnell klar, dass die jungen Menschen hier, Mädchen wie Jungen, zum großen Teil aus verfolgten jüdischen Familien stammten, dass hier Menschen waren, die gehetzt wurden, oder Flüchtlinge, die sich nicht damit abfinden mochten, unter dem Stiefel des Feindes im besetzten Land zu leben. Und mehr noch: Einige Lehrer hier hatten keine Lehrerausbildung; sie waren Flüchtlinge, sehr Gebildete übrigens, der eine Mathematiker, der andere Ingenieur, ein dritter Chemiker, die das Unglück dieser Zeit hierher geführt hatte und die zu ihrem Glück herzliche Aufnahme und Zuflucht in dieser Oase des Friedens fanden.

Diese Schule mit ihrer lebendigen und brüderlichen Atmosphäre war viel mehr als eine Zufluchtsstätte. Sie war eine Art Familie aufgeklärter Menschen; geistige und moralische Grundsätze hielten sie lebendig. Hier sollten die Menschen die Härte der Zeit, die seelischen Leiden, die gesetzlich verordnete Unterdrückung des Gewissens vergessen können und das Gefühl haben, zu einer brüderlichen Gemeinschaft zu gehören.

Diese kleine Welt, die zusammenhielt, lehnte die sogenannte ›Neue Ordnung‹ ab. Gegenseitiges Vertrauen und Freundschaft, in der man sich gegenseitig beachtete und achtete; Disziplin, die man gern akzeptierte: Das war der ›Geist der Roseraie‹. Er machte es möglich, in dieser Zeit der moralischen Verwirrung auch weiterhin ein Leben in Würde zu führen, mit Freude an der Arbeit in dieser kleinen Gesellschaft, die ihrer sozialen Aufgabe treu blieb.

Unter diesen Bedingungen zu leben bedeutete für »Oncle Pol«, Risiken einzugehen: Wahrscheinlich verbargen einige, die bedroht waren, ihre wahre Identität hinter geliehenen Namen. Einige jedoch behielten ihre Namen, auch der Autor dieser Zeilen. Mehr als einmal zogen dunkle Wolken über La Roseraie, schwer von einer drohenden Gefahr… die der Wind davontrug.

Ich möchte von der mutigen Haltung des Mannes berichten, der die Geschicke des Hauses bestimmte. Sie zeigt sich auch in der

Pol Arcens und seine Frau Madeleine, La Roseraie, 1943.
[Sammlung C. de Villeneuve.]

folgenden, unvergesslich gebliebenen Begebenheit: Im Jahr 1942, in der dunkelsten Zeit des Krieges, werde ich in das Büro von Oncle Pol gebeten. Dieser reicht mir einen Brief, den er gerade erhalten hat. Er kommt vom sogenannten ›Kommissariat für Judenfragen‹. Es habe Kenntnis von der Anwesenheit eines jüdischen Lehrers in der Schule und ordnet an, dass dieser in Anwendung der Rassengesetze sofort zu entlassen sei. Für mich ein aufwühlender Augenblick.

›Was machen wir?‹, fragt Oncle Pol mit ernster Stimme.

›Da gibt es für mich kein Zögern, ich gehe, ich will Sie nicht in eine schwierige Lage bringen‹, antworte ich.

Nach einer Minute des Schweigens nimmt Oncle Pol den Brief, zerreißt ihn und wirft ihn in den Papierkorb.

›Nein‹, sagt er, ›ich habe ihn nicht bekommen. Wir werden sehen.‹ Bewegt umarme ich ihn. Eine kleine Begebenheit, die seinen wahren, wunderbaren Charakter offenbart. […]

Das sollte genügen, um das Wesen dieses moralischen Widerstandsgeistes, der in La Roseraie lebendig war, zu verstehen und zu würdigen.«[84]

84 Quelle: Schriftlicher Bericht von Samuel Abramovitsch, erstellt (zwischen 1957 und 1960) im Rahmen einer Enquête des Departements Drôme unter der Leitung des *Comité d'Histoire de la Deuxième Guerre mondiale*, 1966. Archives départementales de la Drôme, I3J33 (Auszüge).

Else Liefmann

Ärztin, Hochschullehrerin, aus Freiburg (Baden) stammend. Else wird im Lager Gurs interniert. Als deutsche Protestantin mit jüdischem Hintergrund ist sie 1941 in großer Gefahr. Dank der Protektion und Intervention der AFDU (*Association française des diplômées d'université*), der protestantischen Vereinigung der Hochschulabsolventinnen, einem Mitglied der internationalen Föderation der Hochschullehrerinnen, und ihrer Sprecherin, Marie-Louise Puech, kann Else das Lager Gurs verlassen. Ihre Beschützerin veranlasst, dass sie nach Dieulefit kommt. Else schreibt ihr regelmäßig, um ihr zu berichten und sie um Rat zu bitten.

»Hôtel du Levant, Dieulefit, Drôme,
19. Dezember 1941

Chère Madame,

Da Sie mir so viel Interesse entgegengebracht haben, möchte ich Ihnen schnell mitteilen, dass ich dank Ihrer und der Bemühungen von Mademoiselle Benoît nun in Dieulefit in der Drôme angekommen bin. Ohne diese Hilfe hätte ich es sicherlich nicht bis hierher geschafft, denn die Präfekturen arbeiten ja in der Regel nicht so schnell. Zuerst erhielt ich also das Entlassungsschreiben für das Lager Gurs. Das war für mich so wichtig, und ich weiß nicht, wie ich all denen danken kann, die mir dazu verholfen haben. Ich habe auch die Aufenthaltserlaubnis für die Drôme bekommen, aber jetzt stellt sich ein neues Problem: Heute Morgen, als ich im Rathaus vorstellig wurde, sagte der Bürgermeister: ›Und wann wollen Sie emigrieren? Nach Amerika oder Übersee? Es scheint mir, Sie müssen emigrieren.‹ Ich antwortete, ich hätte nicht die Absicht zu emigrieren, ich hätte nur entfernte Verwandte in den USA, die überhaupt nicht reich seien und nichts für mich tun könnten. Meine Schwester sei in der

Schweiz, und meine Schweizer Freunde bemühten sich darum, dass ich eines Tages in die Schweiz gehen könnte. Aber das alles sei noch unsicher.

Ich bin sehr beunruhigt, vor allem jetzt nach diesen Worten des Bürgermeisters. Ich habe das alles meiner Schwester in Genf geschrieben, und ich möchte Sie vor allem darum bitten, mir einen Rat zu geben. [...] Ich habe gehört, dass alle sogenannten ›jüdischen‹ Ausländer in Frankreich, die nicht versuchen zu emigrieren, in ein Lager müssen, und dass sie von dort aus in ein anderes Land geschickt werden. Auf jeden Fall sehe ich, dass sich vor mir neue Schwierigkeiten aufbauen, gerade zu dem Zeitpunkt, als ich anfing, mich ein wenig sicher zu fühlen. Könnte man vielleicht den Präfekten der Drôme bitten, mich hier in Ruhe leben zu lassen? Was denken Sie?«

Marie-Louise Puech interveniert beim Präfekten. Sie erreicht zunächst die Aufenthaltsgenehmigung für einen Monat, die dann in eine Aufenthaltsgenehmigung für sechs Monate umgewandelt wird.

»Ich habe von der Präfektur der Drôme nur eine Aufenthaltsgenehmigung für einen Monat bekommen, ich muss also innerhalb der nächsten vier Wochen einen neuen Antrag stellen, und ich werde nie zur Ruhe kommen. Im Rathaus in Dieulefit sagte man mir, das sei nicht so schlimm, man werde mir die Aufenthaltsgenehmigung schon verlängern. Aber natürlich wäre es sehr hilfreich, wenn man mir die Genehmigung für einen längeren Zeitraum ausstellen würde (normalerweise gibt man ein Jahr). Der Bürgermeister hier, der sehr nett ist, sagte, er würde bei meinem nächsten Antrag diese Bitte anfügen, aber ich wäre Ihnen sehr, sehr verbunden, wenn ich diesem Antrag ein Schreiben von Ihnen beifügen könnte, etwa in der Art, wie Sie es dem Bürgermeister von Dieulefit geschickt hatten und das bei diesem Herrn einen sehr großen Eindruck hinterlassen hat.«

Der Bürgermeister und Marie-Louise Puech erreichen gemeinsam eine Aufenthaltsgenehmigung von sechs Monaten. Else lässt sich tatsächlich in Dieulefit nieder, wie sie am 6. Juli 1942 mitteilt:

»Sie haben mir so viel Güte und Liebenswürdigkeit erwiesen, dass ich Ihnen einmal schreiben möchte, wenn ich zum Glück keinen Grund zur Klage und keine Bitte habe, einfach nur, um Ihnen ein Lebenszeichen von mir zu geben und um Ihnen zu sagen, dass es mir hier in Dieulefit nicht schlecht geht. Ich hoffe, Sie sind bei guter Gesundheit. Man lässt mich hier in Ruhe leben. […] Die Versorgung ist in den fast sieben Monaten, die ich in Dieulefit bin, sehr viel schwieriger geworden. Aber jetzt in der Gemüse- und Obstsaison haben wir wenigstens einen kleinen Ausgleich für den erlittenen Mangel. Von Zeit zu Zeit bekomme ich ein Päckchen aus der Schweiz, aber ich hebe mir den Inhalt für den Winter auf wie die Ameise in La Fontaines Fabel. […] Das Leben hier ist sehr freundlich, und für eine so kleine Stadt wie Dieulefit gibt es recht viele Veranstaltungen, ein Konzert in der Musikschule, einen Vortrag über Péguy oder Barrès, ein Fest in der Schule usw. Ich gebe Privatunterricht in Deutsch, habe ein Sprachentandem Französisch-Deutsch und Deutsch-Englisch, und ich habe nette Bekanntschaften gemacht.«[85]

85 Quelle: Else Liefmann, in: Rémy Cazals: *Lettres de réfugiés*. Le grand livre du mois, 2004, S. 189–192.

Hanna Klopstock

»Preußische Jüdin«,
1924 in Fürstenwalde geboren (60 km entfernt von Berlin).

Die OSE organisiert, dass Hanna im Oktober 1942 von Clermont aus in die Drôme kommt. Sie reist allein mit dem Zug von Clermont nach Montélimar, versucht unterwegs, sich auf Französisch zu verständigen, und nimmt am Bahnhof in Montélimar den Bus nach Dieulefit. Beauvallon hat ihre Aufnahme vorbereitet, aber als Unterkunft ist die Pension Diederichs in Les Rivales etwas außerhalb von Dieulefit vorgesehen, die von Marcelle Watson geführt wird.

Die Pension Les Rivales, die damals der Familie Diederichs gehörte. Diese große Pension, die etwas mehr als 40 Gäste unterbringen konnte, beherbergte zwischen 1935 und 1945 ungefähr 1.360 Personen; einige Personen tauchen mehrmals im Namensregister auf, das die Pension archiviert hat. [Sammlung PMH.]

»Ich kam am 11. November 1942 in die Pension. Ich wollte gar nicht erst sprechen, um mich nicht zu verraten. Deshalb habe ich in der Küche gearbeitet. Ich hatte eine falsche Lebensmittelkarte aus La Bourboule. Ich wusste nicht, dass ich im Rathaus in Dieulefit falsche Lebensmittelkarten und Karten für Kleidung bekommen konnte. In der Pension wurde ich schlecht bezahlt. Ich ging manchmal aus, von Zeit zu Zeit ging ich ins Kino. Ohne Karte konnte ich mir ja nichts kaufen. [...] In der Pension gab es eine Familie Wagner. Sie waren Pensionsgäste. Das Ehepaar war etwa 45 bis 50 Jahre alt. Als es im August 1942 die große Razzia gab, kamen die Gendarmen von Dieulefit am Tag davor und sagten den Pensionsgästen: Sehen Sie sich vor. Die Wagners wurden nicht festgenommen. Das Haus wurde protegiert!

Dank meiner falschen Papiere bin ich als Jüdin nie in Bedrängnis geraten. Ich galt als Bretonin. Aber wer glaubte das schon, mit meinem deutschen Akzent!!! In Les Rivales gab es etwa 20 bis 25 Pensionsgäste, viele waren jüdische Flüchtlinge oder aus der Côte d'Azur ausgewiesene Engländer. Sie waren unter ihrem richtigen Namen eingetragen. Wir aßen alle zusammen. Ein aus Österreich geflohener Kriegsgefangener arbeitete mit mir zusammen. Er konnte kochen. Er hat dafür gesorgt, dass ein Lebensmittellieferant nach Les Rivales kam, der immer die umliegenden Bauernhöfe abklapperte. Dennoch hatten wir nicht viel zu essen. Abends gab es zwei kleine Kartoffeln ›BF 15‹.[86] Ich hatte Hunger, wenn ich vom Tisch aufstand. Bedenken Sie, ich war J3,[87] als 18-Jährige!

Ich wurde niemals behelligt. Der Koch wusste, dass ich eine Jüdin aus Deutschland war. Er hat nichts gesagt! Niemand hat mich denunziert! Ich habe dann die Pension wegen einer dummen und

---

86 BF 15: Französische Kartoffelsorte (Anm. d. Übers.).

87 J3: Kategorie für die Rationierung von Lebensmitteln ab 1942, für 13–21-Jährige und Schwangere.

bösen Geschichte verlassen. Die Chefin wollte, dass ich doppelt so viel arbeite, ohne mir mehr Geld zu geben. Sie wollte mich noch als ihr Dienstmädchen haben, zusätzlich zu meiner Arbeit. Sie ärgerte sich und gab mir eine Ohrfeige, ich gab ihr einen kräftigen Schlag mit der Faust zurück. […] Sie fing an zu weinen. Das Personal hielt zu mir. Trotzdem musste ich im Herbst 1943 die Pension verlassen. Ich bin dann nach Valence gefahren, dort traf ich Ernst Jablonski und seine Frau. Zu dieser Zeit bekam ich eine Karte meines Bruders Werner aus dem Konzentrationslager; Henri Krasucki war gemeinsam mit ihm dort. Ich wusste also, was ein Konzentrationslager war, aber ich wusste nichts von den Gaskammern.

Als ich nach Dieulefit zurückkam, versteckte ich mich in einem Nebengebäude der Pension. Das Personal brachte mir heimlich Essen, ohne dass die Chefin das wusste! Der Koch zögerte nicht, mich zu verstecken und mich mit Nahrung zu versorgen.

Im November 1943 fand ich dann eine andere Stelle in der Klinik Belvédère [in Dieulefit]. Dort wurden etwa 20 Lungenkranke gepflegt. Niemand wollte dort arbeiten! In Dieulefit bewegte ich mich ohne Angst. Ich ging einige Male nach Beauvallon, um Werner [Matzdorff] zu besuchen. In Saint-Briac war ich mit seiner Schwester gut befreundet. Ich besuchte auch Helmut [Meyer]. Auch unter den jungen Leuten in der Pension Diederichs hatte ich Freunde gefunden, ebenso bei den Besuchen im Kino Eden. Ich erinnere mich an den Film *Angèle* [mit Fernandel]. Obwohl das Licht noch an war, pfiffen wir bei der Wochenschau alle zusammen Pétain aus!!! In der Klinik wusch ich die gesamte Wäsche in einer Waschmaschine. Ich wurde besser bezahlt als in der Pension. Dem Direktor und der Direktorin war ich sehr verbunden. Später halfen sie mir, die französische Staatsbürgerschaft zu erlangen.

Die Leute in Dieulefit und Umgebung waren solidarisch, sie waren nicht gegen Pétain, aber gegen die Deutschen. Deshalb halfen sie mir gern. Sie haben mich nicht denunziert, aber sie wussten, dass ich falsche Papiere hatte. Ich kann nicht sagen, dass ich in Dieulefit versteckt gelebt hätte: Die Leute versteckten sich nicht wirklich, weil es keine Denunziationen gab... Meines Wissens wurde nur ein einziger Flüchtling verhaftet, das war im August 1942. Danach wurden alle, die gefährdet waren, im Vorhinein gewarnt. Ich denke, die meisten unterstützten mich aus Arbeitersolidarität, und nicht, weil ich Jüdin war. Die Gendarmen warnten die Menschen, wenn Gefahr drohte, sogar in den weit entfernten Bauernhöfen. Sie hatten auch gemerkt, dass mein Ausweis gefälscht war..., und trotzdem...!

In Dieulefit hatte ich niemals Probleme. Im Februar 1944 verließ ich es, weil ich eine gute Stelle im Departement Basses-Alpes[88] zwischen Gap und Digne gefunden hatte. Gegen Ende der Besatzungszeit fuhr ich noch einmal nach Dieulefit zurück, um Freunde zu besuchen. Ich nahm den Zug bis Crest, und von Crest bis Dieulefit fuhr ich mit dem Fahrrad, das war im August 1944. Ich hätte von den Deutschen verhaftet werden können... Es gab ja die Sperrstunde, und sie schossen auf alles, was sich bewegte. Ich war leichtsinnig!

Bei Kriegsende überlegte ich eine Zeitlang, nach Palästina zu gehen. Aber das verfolgte ich nicht weiter. Ich nahm die französische Staatsbürgerschaft an.«[89]

88 Ab 1970: Departement Alpes-de-Haute-Provence (Anm. d. Übers.).

89 Quellen: Hanna Klopstock, in: *Le Figaro* vom 11. November 2008, und Interview mit dem Autor vom 18. Mai 2009.

Pierre Vidal-Naquet

Historiker, engagierter Intellektueller (1930–2006), im Alter von 13 Jahren nach Dieulefit geflüchtet.

»Während der Kriegsjahre und der Besatzung war ich nicht wirklich ein *Dieulefitois*. Ich war […] nur drei Mal für kurze Zeit in Dieulefit, das erste Mal im August 1943, das zweite Mal in den Osterferien 1944, das dritte Mal kurz nach der Befreiung im September und Anfang Oktober 1944. August 1943: Da gab es die Kämpfe in Sizilien und in der Ukraine: Catania, Charkow, das waren die Namen, die im Radio immer wieder genannt wurden. Ich kam alleine aus Marseille, wo meine Familie wohnte. Das war, glaube ich, die erste Reise, die ich so machte. In Montélimar nahm ich den Bus. In einem gelben Haus, Les Brises, in der Route des Reymonds in Dieulefit – heute ist das ein Chalet oder vielmehr ein Hotel-Restaurant – wohnten meine Großmutter Mina Vidal-Naquet, mit Mädchennamen Weissman, geboren in Odessa – was für ein Freudengeschrei, als ihre Geburtsstadt befreit wurde –, meine Tante Isabelle Brunschwig, die Schwester meines Vaters, und ihre drei Kinder, die eher wie Brüder denn Cousins für mich waren: Gérard, den mein Vater ›mein Sohn‹ nannte […], Jacques, der mir am meisten wie ein Bruder war, und Armand, musikalisch wie alle, kindlich, ein Charmeur, so jung gestorben… Dann gab es noch die große Pianistin Yvonne Lefébure, eine enge Freundin meiner Tante. Meine Tante Isabelle Brunschwig hatte den Entschluss gefasst, mit ihrer Mutter nach Dieulefit zu ziehen. Diese Entscheidung rettete den beiden das Leben. Später mieteten sie für meine Eltern ein Haus in der Nähe des Hauses Les Brises. Die jedoch konnten sich nicht dazu durchringen – das war ihr Unglück –, irgendetwas zu unternehmen, das wie eine Flucht aussah; und deshalb nutzten sie diese Zuflucht nie, und am 15. Mai 1944 kam in Marseille die Gestapo und nahm sie mit. […]

Zwischen den Protestanten und der Résistance gab es eine Art naturgegebene Verwandtschaft, was ihre gaullistische oder, wie man sagte, proenglische Einstellung betraf. Darauf wies mich Jacques im Jahr 1943 hin: Wenn wir an einem Bauernhof vorbeikamen und dort Radio London hörten, konnte man sicher sein, dass die Bewohner dieses Bauernhofs Protestanten waren. Daher kommt es, dass auch heute noch viele dazu neigen, zu Unrecht, wie J.-P. Lévi in *Le Monde* vom 15. August 1987 anmerkte, Résistance, Rettung von Juden und Protestantismus gleichzusetzen. Die Wahrheit war natürlich sehr viel komplexer. Nicht nur waren einige der großen Intellektuellen unter den Geflüchteten wie Emmanuel Mounier und André Rousseaux katholisch; eines Tages erfuhr ich auch mit einer gewissen Verblüffung, dass Pol und Madeleine Arcens – Oncle Pol und Tante Mad –, die Leiter der Sekundarschule La Roseraie, gute Katholiken und gleichzeitig glühende Anhänger des Widerstands waren. Katholisch war auch der Lehrer für Mathematik und Philosophie dieser Schule, Noël Mathieu, bekannter unter dem Namen Pierre Emmanuel, der Dichter... Ich musste mir das wiederholen lassen, so sehr überraschte mich diese Information.

Und doch stimmt es, dass die Juden sich instinktiv an die Protestanten wandten, und dass diese sie aufnahmen. Das habe ich in Marseille, in Saint-Agrève und in Dieulefit festgestellt. Viele Faktoren spielten hier eine Rolle: Die Vertrautheit mit dem Alten Testament war bei den Protestanten größer als bei den Katholiken. Aber vor allem gab es bei den Protestanten ein tiefes Gefühl dafür, was Verfolgung bedeutete und bedeutet.

Sicher, Luther war ein heftiger Antisemit gewesen, und Calvin, der ja weniger antisemitisch war, hatte trotzdem die Juden aus Genf verbannt, aber das war keine Frage essentieller, sondern existentieller Art. [...]

Soziologisch betrachtet hatten diese beiden Minderheiten Gemeinsamkeiten: Das Streben nach exzellenter Bildung zum Beispiel und ihr Einsatz für die republikanischen Werte, denen sie ihre Freiheiten verdankten. In Dieulefit ist mir kein katholischer Priester begegnet. Die bedeutendste protestantische Persönlichkeit war wie erwartet ein protestantischer Pfarrer, Henri Eberhard; er arbeitete nicht mehr in Dieulefit, sondern in Lyon. Er kam oft nach Dieulefit, wo seine Mutter lebte, eine alte, immer in Schwarz gekleidete Dame, und seine Schwester Hélène, die mit Jeanne, der zweiten Schwester, das *Lycée Musical* leitete. Ich glaube, ich habe ihn nie predigen hören, aber ich erinnere mich an eine kleine grüne Broschüre, die er geschrieben hatte. Das war einer der ersten politischen Texte, die ich nach der Befreiung gelesen habe. Er war republikanisch gesinnt und im Widerstand aktiv. Bei ihm wartete Gérard in Lyon auf den Kontaktmann, der ihn im Januar 1944 zum Maquis bringen sollte.

Katholiken und Protestanten waren in Dieulefit ›einheimisch‹. Juden lebten hier aufgrund der Umstände. Es gab recht viele, entweder unter ihrem richtigen Namen – das war bei meiner Familie der Fall – oder mit falschen Papieren. […] Aber damals waren die Juden für mich das, was ich auf meine jugendliche Weise auch war: ›abstrakte Staatsbürger‹, sehr patriotisch, ab 1940 selbstverständlich gaullistisch, wie meine Familie auch, und keine Repräsentanten einer Religion – niemand hat mir von einer geheimen Synagoge in Dieulefit erzählt – und noch weniger Mitglieder eines Volkes. […]

Dieulefit war, so sagte man 1944 und so sagt man es heute wieder, unter der Besatzung eine der intellektuellen Hauptstädte Frankreichs. Unter der Besatzung? Man sah hier nicht viele Deutsche. Ich sah 1943 und 1944 keine Deutschen hier, aber in Nyons, nicht einmal dreißig Kilometer von Dieulefit entfernt, geschahen schreckliche Dinge. Nur drei Menschen aus Dieulefit wurden verhaftet, wie mir Gérard Brunschwig schrieb. Zwei konnten entkommen, einer starb im Gefängnis Montluc. Trotzdem: Es gab ja noch viel mehr

Dörfer und kleine Städte, in denen auch kaum Deutsche waren, aber sie entwickelten nicht so eine Atmosphäre von Freiheit und intellektueller Kreativität, wie man sie in Dieulefit erleben und leben konnte.«[90]

90 Quelle: Pierre Vidal-Naquet: *Si Dieu le fit...*, Esprit Nr. 134. Januar 1988, S. 3–12 (Auszüge).

Jeanne oder »Jeannette« Barnier

Ehemalige Rathaussekretärin (1918–2002).

»Wir haben uns nie die Frage gestellt, ob wir Katholiken oder Protestanten waren. Aber ich könnte mir vorstellen, dass die Menschen in Le Chambon-sur-Lignon und Dieulefit und Umgebung vielleicht mehr getan haben, weil sie stärker religiös und spirituell eingebunden waren. Und von Beginn an gab es diesen Anziehungspol Beauvallon. Marguerite Soubeyran und Catherine Krafft waren beide protestantisch. Was ich im Rathaus tat, war mit ihnen abgestimmt. Aber es gab auch noch die Schule La Roseraie, das war eine Privatschule, der Direktor war katholisch. Wenn man bedenkt, dass in Dieulefit ein Drittel der Bewohner Fremde waren, muss man davon ausgehen, dass alle Einwohner Dieulefits davon gewusst und daran mitgewirkt haben. Man musste ja sehen, dass diese Menschen von anderswoher kamen, aus ganz unterschiedlichen Beweggründen und Hintergründen. Da der 1935 gewählte Bürgermeister den Eid auf Marschall Pétain verweigerte hatte, wurde er 1941 durch einen von Vichy ernannten Bürgermeister ersetzt: Oberst Pizot. Monsieur Pizot hat seine Gemeinderäte selbst ernannt (Monsieur Pizot war Protestant). Wir haben nie über Widerstand gesprochen. Während der Kriegsjahre, bis Juni 1944, hatten wir keine Probleme. Was er dachte, weiß ich nicht. Aber sein erster Stellvertreter, Doktor Deransart, der auch protestantisch war, wusste über meine Aktivitäten Bescheid. Er hat mir sehr geholfen, mich immer gewarnt, wenn er etwas wusste, und stellte mir Krankmeldungen aus, damit ich wegbleiben konnte, wenn es ein bisschen zu »brenzlig« wurde.

Aber das Ehepaar Arcens war katholisch. Pierre Emmanuel ebenfalls. Während des Krieges hatte ich viel mit der Gendarmerie zu tun. Dort gab es einen Gendarmen, den ich gut kannte, weil ich

Gruppenleiterin seiner Tochter in meiner Jugendgruppe gewesen war. Dieser Gendarm [Cesmat] war Protestant. Er ist gegen Kriegsende von den Deutschen getötet worden. Dieser Mann hat mir sehr, sehr geholfen. Wenn es gefährlich wurde, warnte er mich und sagte: ›Vorsicht, ich habe gehört, dass die Miliz anrückt.‹ Ich glaube, er machte das aus einer tiefen protestantischen Überzeugung heraus. Andere Gendarmen, die katholisch waren, haben mir auch geholfen, das stimmt. […]

Dieulefit war […] ein Wunder der Verschwiegenheit: Die Bewohner haben nie etwas ausgeplaudert. Wenn die Polizei oder die Gestapo kam, incognito, und fragte: ›Was geht hier in Dieulefit vor?‹, hatte niemand etwas gesehen, niemand etwas gehört.

Es gab hier diesen Widerstand im Verborgenen. Die gefährdeten Menschen konnten sich von einer Minute auf die andere irgendwo verstecken. In der Zwischenzeit mischten sie sich unter die Einheimischen, besuchten protestantische oder katholische Gruppen, die Juden vor allem. Die Priester und Pfarrer stellten mehrere Taufscheine aus. Und viele Menschen in Dieulefit sagten sich: ›Wir müssen etwas tun.‹

[…] Ich glaube, diejenigen, die begannen, sich in der Résistance zu engagieren, fragten sich gar nicht, welche Haltung ihre Kirche dazu hatte. Sie waren besorgt um ihre Freiheit.«

Jeanne Barnier, Sommer 1933.
[Sammlung C. Descombes.]

Warum wurde Jeanne Barnier zur Widerstandskämpferin?

Interview mit Michel Schilovitz in dessen Sendung in France Culture 1988.

Michel Schilovitz lebte damals als Flüchtling in Dieulefit. Jeanne Barnier hatte ihm einen gefälschten Personalausweis verschafft. 45 Jahre später will er wissen, ob es stimmt, dass sie Widerstand leistete, weil sie Protestantin war.

Jeanne Barnier antwortet:

»Nicht, weil ich Protestantin bin, habe ich Widerstand geleistet ... Ich denke, am Anfang habe ich mich in der Résistance engagiert, weil ich nicht akzeptieren konnte, was ich sah, und weil ich mich dem nicht beugen wollte; ich hatte die militärische Niederlage und die Ungerechtigkeit abgelehnt, ich hatte nicht akzeptiert, wie sich die französische Regierung und die Deutschen den Männern und Frauen gegenüber verhielten, die unter der ungerechten Gesetzgebung litten... Es war eher eine Verweigerungshaltung, die Weigerung, mich dem zu beugen... Ich glaube, es war sehr wichtig, dass wir im Laufe der Monate und Jahre immer mehr wurden und uns immer stärker engagierten (ich nicht, ich fälschte weiterhin meine Papiere, ganz allein, und beteiligte mich nicht an wichtigen Aktionen).«

Michel Schilovitz insistiert: »Haben Sie Widerstand geleistet, weil Sie Protestantin sind???«

»Diese Frage hat sich nie gestellt... Wir fragten uns nie, ob jemand protestantisch, katholisch, jüdisch, kommunistisch war oder an nichts glaubte... Sehen Sie, das erklärt auch, warum die Arbeit nicht so ganz leicht war... denn es gab ja unterschiedliche Einstellungen und Meinungsverschiedenheiten, es gab Reibereien. Das ist normal. Wir waren keine Heiligen. Es war nicht alles idyllisch.«[91]

---

91 Quellen: Jeanne Barnier, in: Sandrine Suchon: *Résistance et liberté – Dieulefit 1940–1944*. Éditions A Die 1994 (Auszüge aus dem Interview der Autorin mit J. Barnier) sowie Auszüge aus der Sendung von M. Schilovitz, 1988.

Jeanne Barnier, die Symbolfigur des widerständigen jungen Mädchens

Im März 2018 wurde die große Dauerausstellung *Exil. Erfahrung und Zeugnis* des Deutschen Exilarchivs 1933–1945 der Deutschen Nationalbibliothek in Frankfurt am Main eröffnet. Die Ausstellung besteht aus drei thematischen Teilen: *Auf der Flucht – Im Exil – Nach dem Exil.* Im zweiten Teil ist ein ganz besonderes Dokument ausgestellt, das exemplarisch die Exilerfahrungen zeigen und zugleich die Solidarität für die Exilierten illustrieren soll, die sich damals in Europa entwickelt hat. Es ist ein »echter gefälschter Personalausweis«. Er wurde am 22. Januar 1943 im Rathaus von Dieulefit für Betty Isolani ausgestellt, eine nach Dieulefit geflüchtete deutsche Jüdin. »Betty« war Filmschauspielerin, die in der Stummfilmzeit, lange vor dem Krieg, in Berlin Karriere gemacht hatte.

Jeanne Barnier, die den französischen Personalausweis unterschrieben hat, blieb dabei ihrem üblichen Pragmatismus treu: Betty wurde zu »Berthe«, und Isolani wurde zu »Imbert«, ein in Frankreich und sogar in der Region Dieulefit sehr geläufiger Name. So blieben die Initialen unverändert. Bemerkenswert ist noch, dass Jeanne Barnier »Berthe Imbert« in Coudekerque im Departement Nord zur Welt kommen ließ. Das war sehr geschickt. Diese Gemeinde war zur damaligen Zeit dem deutschen Militärkommando in Brüssel unterstellt (und von der besetzten Zone abgetrennt). Zudem waren viele Gemeinden dieser Region im sogenannten »Blitzkrieg« Opfer von Bombardierungen und Bränden geworden, dabei wurden oft die Standesamtsregister vernichtet. So hatte Jeanne Barnier kaum zu befürchten, dass man ihre »falschen« Identitäten entdecken würde. Sie trug oft Gemeinden des Departements Nord als Herkunftsort ein.

»Berthe« schaffte es nach einem Aufenthalt in Dieulefit, in die Schweiz zu kommen. So wurde eine ältere Frau gerettet (Jeanne Barnier kümmerte sich nicht nur um Kinder).

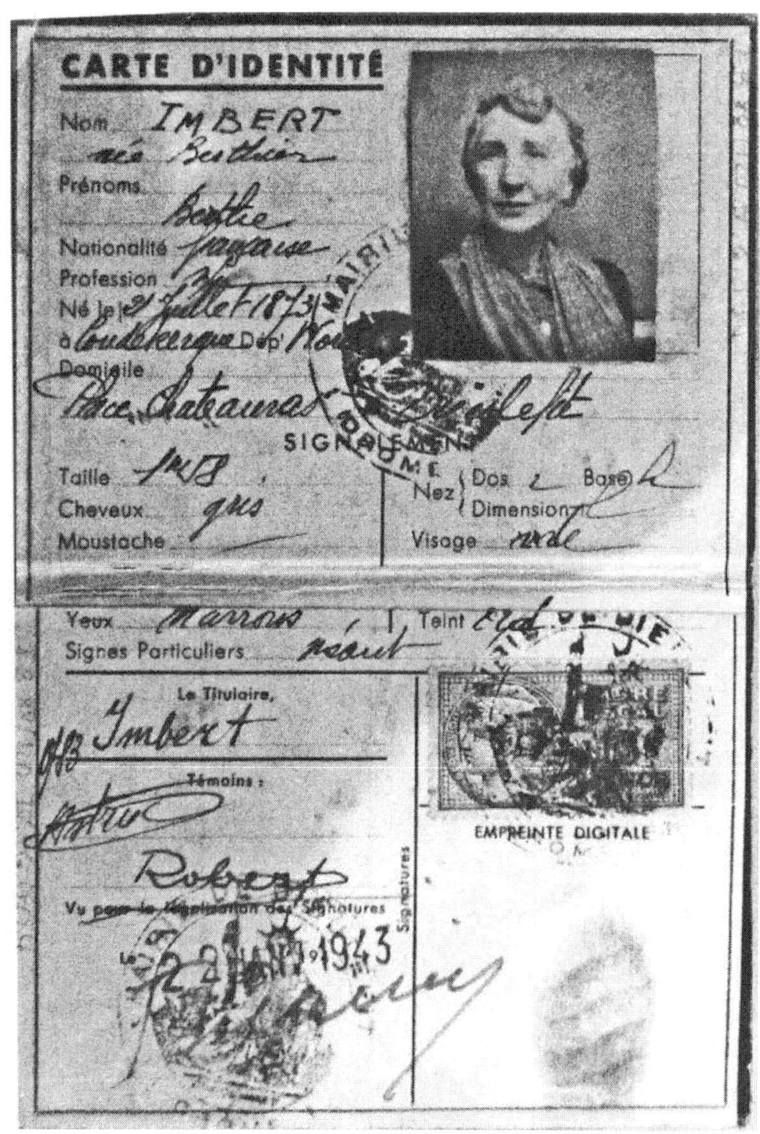
CARTE D'IDENTITÉ

Nom IMBERT

née Berthier

Prénoms Berthe

Nationalité française

Profession

Né le 21 Juillet 1873

à Coudekerque Dép' Nord

Domicile

SIGNALEMENT

Taille 1m53

Cheveux gris

Moustache

Nez { Dos Base / Dimension

Visage ovale

Yeux marrons

Teint

Signes Particuliers néant

Le Titulaire,

Imbert

Témoins :

Robert

Vu pour la légalisation des Signatures

Le 22 JANV 1943

Signatures

EMPREINTE DIGITALE

»Echter falscher Personalausweis«, ausgestellt für Betty Isolani am 22. Januar 1943, unterschrieben von Jeanne Barnier (und mit Genehmigung des Bürgermeisters mit offiziellem Stempel versehen). Dokument, veröffentlicht in: *Frankfurter Allgemeine Zeitung* (FAZ), 8. März 2018.

Der Ausstellungskatalog merkt an, dass in Dieulefit »etwa 1.000 falsche Ausweise ausgestellt worden sind«. Das ist eine niedrige Schätzung, dabei sind die Lebensmittelkarten und -marken und die Passierscheine nicht mitgezählt… Jeanne Barnier hat diese besondere Würdigung in Frankfurt verdient!

Die Tatsache, dass das junge Mädchen das Dokument selbst unterzeichnet hat, sagt viel aus über ihre Position im Rathaus und über das Vertrauen, das der Bürgermeister Pierre Pizot ihr entgegengebrachte. Indem die Frankfurter Ausstellung Jeanne Barnier auf diese Weise würdigt, hebt sie auch nachdrücklich die außergewöhnliche Rolle hervor, die Rathaussekretärinnen bei der Rettung von Verfolgten spielten,[92] vor allem nach der Invasion der Deutschen in die sogenannte »freie Zone« und während der schrecklichen Razzien der Jahre 1943 und 1944 (unter dem Kommando von Alois Brunner und der französischen Miliz). Mit der Frankfurter Ausstellung erhält Jeanne Barnier, die bereits mit dem Titel *Gerechte* und dem Orden der Ehrenlegion ausgezeichnet worden ist, nun auch internationale Anerkennung.

---

92 Siehe *Frankfurter Allgemeine Zeitung* (FAZ) vom 8. März 2018, S. 9. Der Verfasser des FAZ-Artikels betont den besonderen historischen Wert des ausgestellten Dokuments.

Marguerite Soubeyran (1894–1980)

Gründerin und Direktorin der Schule von Beauvallon, zusammen mit Catherine Krafft.

»Die Schule von Beauvallon während des Krieges.

In den vier Jahren des Krieges hatten wir ein aufregendes und anstrengendes Leben und nur diesen einen Gedanken: Wir wollten einen Zufluchtsort für die Kinder und Erwachsenen schaffen und unseren Teil zum Widerstand beitragen. Wir nahmen verfolgte jüdische Kinder und jüdische und nichtjüdische Flüchtlinge auf, ebenso jüdische Lehrer, die aus französischen Schulen vertrieben worden waren, und Nazigegner aus Deutschland. Wir beherbergten etwa hundert Personen, Erwachsene und Kinder, doppelt so viele wie unsere normale Aufnahmekapazität; unser Haus war offen für alle, die es brauchten. Wir gaben weiterhin Unterricht, und das schulische Leben ging ganz normal weiter. Wir informierten unsere Kinder über die Ereignisse, aber wir versuchten gleichzeitig, sie möglichst vor Ängsten zu bewahren und ihre Seele und ihre Jugend zu schützen. Wir und alle anderen Erwachsenen waren uns in diesem Punkt einig.

Ab November 1942, nach der vollständigen Besetzung Frankreichs, wurde das Leben noch fieberhafter. Wir nahmen Personen auf, die versteckt werden mussten, sogar vor der französischen Polizei. Wir zogen eine regelrechte Fälscherwerkstatt auf für gefälschte Ausweise, Geburtsurkunden, Lebensmittelkarten usw. Wir wurden sehr geschickt darin, die richtigen Namen durch andere zu ersetzen, so dass das fast nicht festzustellen war. Wir hatten das Glück, dass es im Rathaus in Dieulefit eine Gemeindesekretärin gab, Jeannette Barnier, die für den Widerstand arbeitete und im Rathaus hinter dem Rücken des Bürgermeisters, der wohl absichtlich

Marguerite Soubeyran, Portrait, ca. 1956 [Sammlung Amis de Beauvallon.]

wegsah, eine enorm wichtige Arbeit machte. Wir nahmen Menschen auf, die wir nicht kannten und die uns von anderen Personen, die wir ebenfalls nicht kannten, geschickt worden waren. Es gab so etwas wie verschiedene Ketten, deren einzelne Glieder sich nicht kannten. Und beim Essen sah man oft eine fremde Person am Tisch, die mit uns aß und nach dem Essen wieder verschwand. Am Anfang stellten wir diese Menschen beim Essen einfach als ehemalige Schüler vor, die auf ihrer Reise hier vorbeigekommen waren. Es war sehr praktisch, dass wir eine Schule waren.«[93]

93 Quelle: Typoskript von Marguerite Soubeyran. Überarbeitete Fassung für die Sendung: *La mémoire, quarante-cinq ans après, ou la parenthèse dieulefitoise* von Michel Schilovitz (France Culture), Juni 1988. Eine erste Textfassung entstand Ende 1971 anlässlich des Erscheinens des Films *Une école, une vie* (1972) von J. Varela.

Weitere Veröffentlichungen von Bernard Delpal zum Themenbereich ziviler Widerstand und Solidarität

Verlag Quaderni della Memoria, Servigliano 2009
Bernard Delpal und Filippo Ierano (Hrsg.)
L'autre Résistance. La résistance civile à l'oppression nazie et fasciste. Servigliano et la Vallée de la Tenna en Italie / Le pays de Dieulefit en France. [L'altra Resistenza. La Resistenza Civile durante l'occupazione nazifascista. Dieulefit e il suo cantone in Francia / Servigliano e la Valle del Tenna in Italia.]
Vergleichende Studie zu den Bedingungen der Rettungs- und Solidaritätsaktionen in Italien und Frankreich (zweisprachige Ausgabe)

Éditions PMH, Solingen/Dieulefit 2013
Bernard Delpal (Hrsg.)
Warten auf die Freiheit / En attendant la liberté
Katalog in zwei Sprachen zur gleichnamigen Ausstellung mit dem Schwerpunkt: Kunst im Widerstand, die Künstler und ihr – zum Teil überraschendes – Verhältnis zur Aufnahmegesellschaft (322 S.)

Un Comptoir d'édition et PMH, Dieulefit 2016 (2014)
Bernard Delpal
L'Album de Beauvallon. Fondation et période historique de l'École (1929–1945)

Éditions Libel et Mémorha, Lyon 2018
Bernard Delpal (wissenschaftliche Leitung) und Philippe Hanus
Résistances juives – Solidarités, Réseaux, Parcours

Ursula Bös

»Vergessen wir nicht, dass es immer einen Moment gibt, in dem eine moralische Wahl getroffen wird.« (Elie Wiesel)

Zu Bernard Delpal: *Dieulefit – Rettungswiderstand eines Dorfes in der Provence während der Nazi-Besatzung*[94]

Die Stadt und der Landkreis Dieulefit boten während der deutschen Okkupation in Frankreich (1940–1944) mehr als tausend verfolgten Menschen Schutz und retteten so ihr Leben. Damit bildeten sie einen »Schutzwall der Zivilisation«, wie Emmanuel Mounier, einer der Geretteten von Dieulefit, das beschreibt. Erst spät wurden Umfang und Wirkung dieser Rettungen bekannt und als ziviler Widerstand oder auch Rettungswiderstand anerkannt.

Zwar ist der Landkreis Dieulefit »nicht der einzige in Südfrankreich, der Flüchtlingen, Ausländern, Menschen, die sich verstecken mussten, und französischen und nichtfranzösischen Juden Schutz bot und ihnen half, die düsteren Jahre der Kollaboration und der Verfolgung zu überstehen. Was ihn aber offensichtlich von den anderen unterscheidet, ist die Art und Weise, wie die Aufnahme und der Schutz der Flüchtlinge in Dieulefit und Umgebung organisiert worden sind. Die Geflüchteten selbst suchten eine Erklärung für das, was ihnen bei der Befreiung wie ein ›Wunder‹ vorkam. Ihre erste Erklärung war, dass dieses ›Wunder‹ der Einmütigkeit und dem sozialen Zusammenhalt der Bewohner zu verdanken sei.«[95]

94 Bernard Delpal: *Dieulefit – Rettungswiderstand eines Dorfes in der Provence während der Nazi-Besatzung*. Frankfurt a. M.: Brandes & Apsel 2021. Franz. Originalausgabe: *A Dieulefit nul n'est étranger*. Dieulefit: PMH 2019.

95 Bernard Delpal, a. a. O., S. 109.

Bernard Delpals Buch hilft uns zu verstehen, wie dieser »Schutzwall der Zivilisation« errichtet werden konnte, an dem viele Menschen ›mitbauten‹, um im Bild zu bleiben. Die Menschen in Dieulefit trafen die individuelle Entscheidung, bedrohten Menschen Schutz zu bieten. Doch ihr individuelles Handeln – von der Weigerung, behördliche Anordnungen zu befolgen, über die Zusammenarbeit mit Hilfsorganisationen, die Aufnahme und Integration der Verfolgten in die städtische Gemeinschaft bis zur Unterstützung der bewaffneten Résistancegruppen – war eingebunden in einen sozialen Zusammenhalt, der offenbar auch durch politische und weltanschauliche Differenzen nicht bedroht wurde. In Bernard Delpals Studie und den Zeitzeugenberichten von Rettern und Geretteten geht es auch um die Prozesse und Entwicklungen, die diesen sozialen Zusammenhalt ermöglicht haben. Was bewog die Menschen, persönliche Risiken in Kauf zu nehmen, um Verfolgte zu schützen; wie trafen sie die Entscheidung, auf diese Weise Widerstand gegen das Unrechtsregime der Besatzungsmacht und ein kollaborierendes Regime zu leisten?

Bernard Delpal zitiert Elie Wiesel mit einer zentralen Frage: »Nur wenige hatten den Mut zu helfen. Diese wenigen Männer und Frauen waren verwundbar, hatten Angst, waren machtlos – was unterschied sie von ihren Mitmenschen? … Warum waren es so wenige? … Was das Opfer am meisten trifft, ist nicht die Grausamkeit des Unterdrückers, sondern das Schweigen derer, die zuschauen. … Vergessen wir nicht, dass es immer einen Moment gibt, in dem eine moralische Wahl getroffen wird.«[96]

Hannah Arendt stellt in ihrem 2018 auf Deutsch erschienenen Vortrag: »Was heißt persönliche Verantwortung in einer Diktatur«[97]

96 Elie Wiesel, in: Carol Rittner, Sandra Meyers: *Courage To Care – Rescuers of Jews during the Holocaust.* NYU Press 1986, S. 2

97 Hannah Arendt: *Was heißt persönliche Verantwortung in einer Diktatur?* München: Piper 2018.

die Frage ähnlich: In welcher Hinsicht unterschieden »sich die wenigen, die in ihren jeweiligen Lebensbereichen nicht kollaborierten«, von den vielen anderen? Hannah Arendts Überlegung mündet in der These: »Diejenigen, die nicht teilnahmen, (…) waren die einzigen, die es wagten, selbst zu urteilen.«[98] Sie »stellten sich die Frage, inwiefern sie mit sich selbst zusammenleben könnten, wenn sie bestimmte Taten begingen. (…) Die Voraussetzung für diese Art der Urteilsbildung ist keine hoch entwickelte Intelligenz oder ein äußert differenziertes Moralverständnis, sondern schlicht die Gewohnheit, ausdrücklich mit sich selbst zusammenzuleben, das heißt sich auf jenes stille Zwiegespräch zwischen mir und mir selber einzulassen, welches wir seit Sokrates und Platon gewöhnlich als Denken bezeichnen. (…) Die Trennungslinie zwischen denen, die denken wollen und deshalb für sich selbst urteilen müssen, und denen, die sich kein Urteil bilden, verläuft quer zu allen sozialen Unterschieden, quer zu allen Unterschieden in Kultur und Bildung.«[99] Diese Menschen seien es gewohnt, »Dinge zu überprüfen und sich ihre eigene Meinung zu bilden. Am allerbesten werden jene sein, die wenigstens eins genau wissen: dass wir, solange wir leben, dazu verdammt sind, mit uns selbst zusammenzuleben, was immer auch geschehen mag.«[100]

Hannah Arendt wird hier so ausführlich zitiert, weil sie die Fragen stellt, die in Bernard Delpals Arbeit über den Rettungswiderstand in Dieulefit 1940–1944 immer wieder mitschwingen: »Was geschieht mit der menschlichen Urteilskraft, wenn sie auf Ereignisse trifft, die den Zusammenbruch aller gewohnten Werte vorexerzieren,« wenn »das Eindringen der Kriminalität in den Bereich des Öffentlichen«[101] erfolgt ist; wenn unrechtmäßige Anordnungen und Gesetze von Staats wegen erlassen werden, wenn das Unrecht also institutionalisiert

98 Hannah Arendt, a. a. O., S. 45.
99 Hannah Arendt, a. a. O., S. 46.
100 Hannah Arendt, a. a. O., S. 48.
101 Hannah Arendt, a. a. O., S. 22 und S. 18.

ist und Handlungen, die die Würde des Menschen retten oder wiederherstellen, unter Strafe gestellt werden? Und was zeichnet die Menschen aus, die persönliche Risiken und Entbehrungen in Kauf nehmen, um verfolgte Menschen zu retten? Hannah Arendt bezieht ihre Analyse auf das nationalsozialistische Deutschland. Aber ihre Fragen treffen auch die Situation des besetzten Frankreich und des Vichy-Regimes: »Wie kann ich Recht von Unrecht unterscheiden, wenn die Mehrheit oder die gesamte Umgebung die Frage schon vorentschieden hat?«[102] »Gehandelt wurde schließlich unter Verhältnissen, in denen jede moralische Tat ungesetzlich und jede rechtmäßige Handlung ein Verbrechen war.«[103]

Die von Bernard Delpal dokumentierten Zeitzeugenberichte über den Rettungswiderstand in Dieulefit zeigen genau dies: Die Menschen, die die Verfolgten aufnahmen und ihr Überleben ermöglichten, waren es offensichtlich gewohnt – oder lernten es in der Situation – im Sinne von Hannah Arendt selbst zu denken und selbst zu urteilen, und sie ließen sich wohl immer wieder auf das »Zwiegespräch zwischen mir und mir selbst ein (…).«

Genau das spricht die Rathaussekretärin Jeanne Barnier, die vielen Verfolgten gefälschte Papiere ausstellte und damit ihr Leben rettete, rückblickend in ihrer Rede bei der Verleihung der Medaille der *Gerechten* an. Sie reflektiert über die Entscheidungen, die sie und die anderen trafen, als sie Anordnungen verweigerten und Verfolgten Schutz boten, und spricht über die Beweggründe, die für sie und die Bewohner Dieulefits handlungsleitend waren: »Bedeutender als unser Handeln waren die Gründe für die Entscheidungen, die wir getroffen haben. Wir wollten uns nicht an der Ungerechtigkeit und

102 Hannah Arendt, a. a. O., S. 11.

103 Hannah Arendt, a. a. O., S. 41. Hannah Arendt floh 1933 nach Paris. Im Mai 1940 wurde sie im südfranzösischen Internierungslager Gurs interniert. Sie konnte fliehen und 1941 mit Hilfe von Varian Fry und dem Emergency Rescue Committee (ERC) mit einem Notvisum in die USA emigrieren.

den Verbrechen beteiligen; unsere Antwort auf den Hass sollte die Liebe zu unseren Nächsten und die Achtung ihrer Menschenwürde sein. Bei allem, was wir taten, waren das Zögern, der innere Kampf, die Schwäche, die Sorge, die Angst unsere ständigen Begleiter.«[104]

Bernard Delpal schreibt, das Beispiel Jeanne Barniers helfe zu verstehen, wie der »Übergang von der Weigerung, Anordnungen zu befolgen (oder der Dissidenz), zum Widerstand vollzogen wird: Es ist der Schritt in die Illegalität, zu gemeinsamen Aktionen mit anderen, zur bewussten Bereitschaft, um höherer Werte willen Risiken einzugehen: Freiheit, menschliche Würde, Solidarität, die Nähe zum Anderen, Fürsorge für die Verfolgten.«[105] Der Schritt von der Dissidenz zum zivilen Ungehorsam sei kein einfacher Schritt gewesen; das wird in Jeanne Barniers Worten sehr deutlich: »Es ist schwierig, über Jahre hinweg legales Handeln beim Ausüben des Berufs einerseits und illegales Handeln andererseits, Gesetzestreue einerseits und die Weigerung, Anordnungen zu befolgen, andererseits, miteinander zu vereinbaren und gegen die alltägliche eigene Angst zu handeln.«[106] In dieser Situation, in der diejenigen, die Schutz gewähren, eigene Risiken in Kauf nehmen müssen, sei es schwerer »als seine Pflicht zu tun, (...) zu erkennen, was diese Pflicht ist.«[107]

Wie eine Bestätigung für Hannah Arendts These kann man Jeanne Barniers Beschreibung ihres eigenen Weges zum zivilen Widerstand lesen: »Ich denke, am Anfang habe ich mich in der Résistance engagiert, weil ich nicht akzeptieren konnte, was ich sah, und weil ich mich dem nicht beugen wollte; ich hatte die militärische Niederlage und die Ungerechtigkeit abgelehnt, ich hatte nicht akzeptiert, wie sich die französische Regierung und die Deutschen den Männern und Frauen

---

104 Jeanne Barnier, Rede bei der Verleihung der Medaille der *Gerechten* 1989; zit. nach: Bernard Delpal, a. a. O., S. 112.
105 Bernard Delpal, a. a. O., S. 112.
106 Jeanne Barnier, zit. nach: Bernard Delpal, a. a. O., S. 110.
107 Bernard Delpal, a. a. O., S. 113.

gegenüber verhielten, die unter der ungerechten Gesetzgebung litten… Es war eher eine Verweigerungshaltung, die Weigerung, mich dem zu beugen… Ich glaube, es war sehr wichtig, dass wir im Laufe der Monate und Jahre immer mehr wurden und uns immer stärker engagierten (ich nicht, ich fälschte weiterhin meine Papiere, ganz allein, und beteiligte mich nicht an wichtigen Aktionen).«[108]

Drei Gedanken Jeanne Barniers sind hier bemerkenswert: Sie kann nicht akzeptieren, was sie sieht, und weigert sich, sich der Ungerechtigkeit zu beugen. Sie macht deutlich, dass sie eine Wahl getroffen hat. Und sie betont, wie wichtig es war, dass immer mehr Menschen diese Wahl trafen und entsprechend handelten.

Auch die Entscheidung, etwas nicht zu tun, ist eine Entscheidung, eine Wahl, die getroffen wird, und damit aktives Handeln. Ein solches Beispiel zeigt Samuel Abramovitsch in seinem Zeitzeugenbericht. Pol Arcens, der Leiter der Sekundarschule La Roseraie in Dieulefit, schützt den nach Dieulefit geflüchteten jüdischen Lehrer, der ›illegal‹ in seiner Schule arbeitet, indem er einen Brief der Vichy-Behörde zerreißt; hierin wird er aufgefordert, diesen Lehrer zu entlassen. Er weigert sich, einen als Unrecht beurteilten Befehl auszuführen, und nimmt dafür ein persönliches Risiko in Kauf. Samuel Abramovitsch schreibt in seinem Zeitzeugenbericht, Pol Arcens habe »seine unabhängige Urteilskraft und seinen starken Sinn für Gerechtigkeit und Freiheit« bewiesen, als »er die rassistische Diskriminierung von Menschen während des Vichy-Regimes sah.« Die verfolgten Menschen hätten in dieser Schule »in einer Atmosphäre der Freiheit aufblühen und Kraft schöpfen [können], in einer Zeit, in der die Welt nichts als Unterwerfung, Angst und Gewalt kannte.« Er nennt den Ort eine »Oase des Friedens«, die »mit ihrer lebendigen und brüderlichen Atmosphäre viel mehr [war] als

108 Jeanne Barnier, im Interview mit Michel Schilovitz, zit. nach: Bernard Delpal, a. a. O., S. 167.

eine Zufluchtsstätte. Sie war eine Art Familie aufgeklärter Menschen; geistige und moralische Grundsätze hielten sie lebendig. Hier sollten die Menschen (…) die gesetzlich verordnete Unterdrückung des Gewissens vergessen können und das Gefühl haben, zu einer brüderlichen Gemeinschaft zu gehören.« Der »Geist der Roseraie« habe es möglich gemacht, »in dieser Zeit der moralischen Verwirrung auch weiterhin ein Leben in Würde zu führen, mit Freude an der Arbeit in dieser kleinen Gesellschaft, die ihrer sozialen Aufgabe treu blieb.«[109]

Die Geretteten betonen immer wieder, dass ihre Retter und Retterinnen genau das ermöglicht haben: dass ihre Würde gewahrt blieb. Sie seien nicht nur gerettet worden, sie hätten oft auch eine Familie oder Freunde gefunden.

Es scheint, dass ihnen erspart blieb, was Hannah Arendt beschreibt: »Kurz gesagt, was uns verstörte, war nicht das Verhalten unserer Feinde, sondern das Verhalten unserer Freunde.«[110]

Und noch etwas ist bemerkenswert, darauf weist Bernard Delpal hin: »Aber vor allem schafften alteingesessene Bewohner und hinzugekommene Geflüchtete das Unwahrscheinliche, nämlich im gemeinsamen Alltagsleben zusammenzuwachsen.« Jeanne Barnier notiert: »Nach einigen Monaten gab es im alltäglichen Leben keinen Unterschied mehr zwischen den Geflüchteten und den alteingesessenen Bewohnern Dieulefits; sie teilten die gleichen Schwierigkeiten, sie versuchten, die gleichen Probleme zu bewältigen: Lebensmittelbeschränkungen, Mangel an Kleidung, Schuhen, Heizmaterial, nicht endende Schlangen vor halbleeren Läden usw. Das Leben bestand in der geteilten Erfahrung von Unruhe und Angst, aber auch in der geteilten Hoffnung.«[111] Im Interview mit Sandrine Suchon sagt sie:

---

109 Samuel Abramovitsch, Zeitzeugenbericht, zit. nach: Bernard Delpal, a. a. O., S. 149ff.

110 Hannah Arendt, a. a. O., S. 18.

111 Jeanne Barnier, persönliche Aufzeichnungen; zit. nach Bernard Delpal, a. a. O., S. 111.

»Die gefährdeten Menschen konnten sich von einer Minute auf die andere irgendwo verstecken. In der Zwischenzeit mischten sie sich unter die Einheimischen, besuchten protestantische oder katholische Gruppen, die Juden vor allem.«[112]

Für Henri Springer ist das wichtigste Ergebnis des solidarischen Widerstands ohne Waffen: der Angst keinen Raum zu geben, indem man ein »Klima der Nicht-Angst« schafft: »Das Außergewöhnliche von Dieulefit ist der gemeinschaftlich organisierte Schutz der von Verfolgung bedrohten Menschen. Die außergewöhnliche ›Nicht-Angst‹ in einer Zeit, in der überall sonst die Angst regierte. Überall sonst war die Furcht vorherrschend: Wer könnte uns denunzieren? In Dieulefit hatten wir keine Angst vor dem Nachbarn, sondern vor den Deutschen.«[113] Das soziale Klima in Dieulefit hat also bewirkt, dass auch diejenigen, die keine Flüchtlinge aufnahmen, weder Verfolgte noch Retter denunzierten. Das galt sogar für diejenigen in der Stadt, die noch Vichy-Anhänger waren. Auch bei ihnen schien eine Art ›sozialer Kontrolle‹ zu wirken. Sie haben, so könnte man sagen, die »moralische Desintegration«[114] nicht so weit mitgemacht, dass sie Menschenleben gefährdet hätten. Über alle internen und weltanschaulichen Differenzen hinweg wehrte sich das Gemeinwesen, die Zivilgesellschaft in Dieulefit, dagegen, die geplante Vernichtung des Anderen als unabänderliches Schicksal zu akzeptieren. Bernard Delpal schreibt, man könne den »zivilen Widerstand« daher vielmehr als »Widerstand der Zivilgesellschaft« bezeichnen, weil es hier die Weigerung gibt, die Zerstörung der Zivilgesellschaft zu akzeptieren. Genau das ist es, was die geretteten Personen empfunden haben.[115]

---

112 Jeanne Barnier, zit. nach: Bernard Delpal, a. a. O., S. 165.
113 Henri Springer, Zeitzeugenbericht, zit. nach: Bernard Delpal, a. a. O., S. 146.
114 Hannah Arendt, a. a. O., S. 19.
115 Vgl. Bernard Delpal, a. a. O., S. 92.

Die Menschen in Dieulefit und Umgebung leisteten also Widerstand, nicht durch Waffen, aber indem sie das Überleben derjenigen sicherten, die vernichtet werden sollten. Das gesamte Ausmaß dieses Rettungswiderstands ist noch nicht ausreichend bekannt. Dass wir mehr darüber wissen und die Wirkung dieses Widerstands besser verstehen, ist das Verdienst von Bernard Delpals Buch. Für die Gestaltung unserer Gesellschaften, für die Frage nach der Verantwortung des Einzelnen in der Zivilgesellschaft ist dies von großer Wichtigkeit. Es eröffnet grundlegende Einsichten in die Wirksamkeit einer funktionierenden Zivilgesellschaft, die von ihren Grundsätzen des Respekts universeller Menschenrechte nicht abweicht.

»Vergessen wir nicht, dass es immer einen Moment gibt, in dem eine moralische Wahl getroffen wird.«[116] Auch wer keinen Widerstand mit Waffen leistete oder leisten wollte: Es gab die Wahl, Menschen, die bedroht waren, zu helfen und damit der Zerstörung der Zivilgesellschaft etwas entgegenzusetzen. Das zeigen Bernard Delpals historische Studie und die Zeitzeugenberichte eindringlich. Und das hat Bedeutung weit über die historische Epoche in Frankreich und die untersuchte Region hinaus.

---

116 Elie Wiesel, a. a. O.